CAMILO CRUZ

NO PARES DE BAILAR HASTA QUE LLUEVA

Sabiduría ancestral para
nunca darse por vencido

TALLER DEL ÉXITO

No pares de bailar hasta que llueva
Copyright © 2025 - Dr. Camilo Cruz • Taller del Éxito

Reservados todos los derechos. Ninguna parte de esta publicación puede ser reproducida, distribuida o transmitida, por ninguna forma o medio, incluyendo: fotocopiado, grabación o cualquier otro método electrónico o mecánico, sin la autorización previa por escrito del autor o editor, excepto en el caso de breves reseñas utilizadas en críticas literarias y ciertos usos no comerciales dispuestos por la Ley de Derechos de autor.

Publicado por:
Taller del Éxito, Inc.
Sunrise, Florida 33323
Estados Unidos
www.tallerdelexito.com

Editorial dedicada a la difusión de libros y audiolibros de desarrollo personal, crecimiento personal, liderazgo y motivación.

Diagramación: María Alexandra Rodríguez
Corrección de estilo: Nancy Camargo

25 26 27 28 29 R|GIN 06 05 04 03 02

*Siempre avanza con valentía.
Cuando las dudas nublen tu visión,
ve más despacio si es necesario,
pero jamás te detengas.
Una vez recuperes tu valor,
continúa con firmeza el camino.*

*La duda es como la niebla.
A veces, lo cubre todo,
pero aun así, la vida sigue y,
tarde o temprano,
la luz del sol
se filtra a través de la tiniebla y la disipa.*

—Proverbio Powhatan

Contenido

Prólogo 9

Introducción 13

Primera parte: La decisión de bailar 17

    Uno. Cuando seguir bailando es la única opción 19

    Dos. ¿Por qué unos logran que llueva y otros no? 27

    Tres. ¿Te enfocas en el problema o en la solución? 37

    Cuatro. ¿Estás viendo tus metas o lo que te impide lograrlas? ... 43

Segunda parte: ¿Qué quieres que llueva en tu vida? 51

    Cinco. Ojalá que llueva café en el campo 53

    Seis. Deja de obsesionarte con la posibilidad de fracasar 63

    Siete. Da el primer paso, aunque te sientas inseguro 71

    Ocho. Tú nomás baila y olvídate de lo que
piensen los demás 83

Tercera parte: Tomar acción: Que comience el baile 91

    Nueve. Para que cualquier cosa suceda,
primero hay que hacer algo 93

    Diez. Tres enemigos que impiden que llueva abundancia 103

    Once. Haz que tus fortalezas brillen
por encima de tus debilidades 117

    Doce. Quien no planea su éxito está planeando su fracaso .. 127

Cuarta parte: Persistir, insistir y nunca desistir 143

Trece. ¡Rendirte o no rendirte! Esa es la cuestión 145

Catorce. Fracaso no es sinónimo de fracasado 157

Quince. El lado positivo del fracaso................................. 167

Dieciséis. Comenzar es fácil, la clave está
en terminar lo que empiezas 179

Epílogo.. 193

Prólogo

La siguiente historia está basada en hechos reales.

La existencia de la danza de la lluvia —ritual al que me referiré a lo largo de este relato—, ha sido ampliamente documentada y estudiada a través de los siglos. Aun así, como sucede con la mayoría de las tradiciones, ceremonias y costumbres que han pasado de generación en generación, no siempre es fácil o posible confirmar la veracidad de cada detalle o acontecimiento relatado. Si alguno de los eventos referidos en dichas narraciones nos parece fabuloso o increíble, lo dejamos de lado por considerarlo poco fiable.

Sin embargo, una de las lecciones que he aprendido en mis años de trabajo e investigación en el campo de la ciencia es que, incluso cuando una situación o evento nos parecen increíbles, esto no significa que no sean reales o ciertos. De hecho, cuando abrimos nuestra mente para sopesar las "imposibilidades" que nos plantean ciertas historias, hay ocasiones en que nos llevamos la sorpresa de descubrir lecciones inesperadas y enriquecedoras que retan nuestra manera de pensar y nos ayudan a crecer.

Es en este espíritu de "mente abierta" que te pido que disfrutes de esta fascinante historia, con la que me tropecé un día, sobre el poder indiscutible y real de una de estas danzas de la lluvia.

Antes de adentrarnos en los pormenores y las enseñanzas que esta hermosa metáfora encierra es importante mencionar que la danza de la lluvia, lejos de ser una invención, es un rito ceremonial que data de miles de años. Se sabe que numerosas culturas, que van desde el Antiguo Egipto y la China milenaria hasta las tribus indígenas de Mesoamérica, realizaban y aún hoy realizan este ritual como parte de sus tradiciones.

Para centenares de tribus, etnias, pueblos y grupos aborígenes en Asia, África, Australia, Europa y el continente americano, la danza de la lluvia ha sido una práctica espiritual de gran importancia que hace parte de su expresión cultural, siendo además una forma de salvaguardar su supervivencia en momentos de extrema sequía. Al punto que, en ciertas tribus africanas, los chamanes encargados de llevar a cabo dichos rituales podían pagar con su vida de no lograr los resultados esperados.

Ahora bien, hay dos particularidades que las diferentes versiones de este inusual baile tienen en común. La primera es que, como es obvio, su principal objetivo es invocar la lluvia; la segunda es que, a excepción de la tribu de nuestra historia, no existe evidencia que compruebe que estas danzas tienen un impacto real en el clima o generan la lluvia deseada.

Digo que a excepción de la tribu de nuestra historia —los Powhatan— porque, cuando escuché la leyenda de esta tribu, perteneciente a uno de los grandes pueblos indígenas de América del Norte, en un principio, me costó creer lo que estaba oyendo.

Hace un tiempo, durante una conferencia que dictaba en Barcelona, España, en la cual compartí esta historia, uno de los asistentes me preguntó si la leyenda era cierta. Le aseguré que cada detalle era verdad y que, así no hubiera sucedido tal como lo referí, bien pudo haber ocurrido. Tal vez, por esta razón, mi preocupación como lector jamás ha sido determinar si lo que estoy leyendo aconteció tal como el autor lo relató. Mi mayor interés es entender cuál fue su intención al relatarlo de esa manera y qué enseñanza me deja.

Supongo que algunos de mis lectores quisieran saber con mayor precisión el origen exacto de la historia, pero créeme cuando te digo que este aspecto no es tan importante como sí lo es la gran lección que encierra.

Habiendo aclarado esto, afirmaré una vez más que la historia en la que estás a punto de adentrarte está basada en hechos reales. Mi intención al escribirla quedará clara cuando termines de leerla. Lo que hagas con ella… Bueno, eso ya es decisión tuya.

A mi juicio, el gran valor metafórico de la danza de la lluvia radica en que ilustra de manera extraordinaria lo que los seres humanos somos capaces de lograr cuando actuamos con firmeza y convicción total.

En la Introducción descubrirás los pormenores del relato y entenderás por qué creo que el éxito es mucho más que una simple cuestión de "tratar" o de "hacer lo mejor posible"; necesitamos persistir y ser constantes hasta lograr aquello que nos hemos propuesto.

Los capítulos de este libro se agrupan en cuatro áreas. La primera, explora cómo aplicar las enseñanzas del baile de la lluvia a tu vida. Su propósito es ayudarte a desarrollar una mentalidad enfocada en tus objetivos, centrada en las soluciones y no en los problemas. En esencia, esta sección te plantea una decisión crucial: ¿serás de los que dirigen su energía hacia lo que desean alcanzar o de los que quedan atrapados en los obstáculos que les impiden lograrlo?

La segunda parte te invita a responder una de las preguntas más trascendentales: ¿Qué quieres que llueva en tu vida? En otras palabras, ¿hacia dónde te diriges y qué deseas lograr? Es fundamental planteártelo, ya que la persistencia y la constancia que ilustran la danza de la lluvia son casi imposibles sin una meta clara. Esta sección también resalta la importancia de confiar en tus habilidades, en vez de obsesionarte con la posibilidad de fallar o prestarle tanta atención a la opinión de los demás.

La tercera parte te guía hacia la creación de un plan de acción para lograr aquello que definiste en la sección anterior y, aún más importante, te proporciona estrategias para implementarlo de inmediato. Su propósito es ayudarte a evitar el destino de quienes pasan la vida planeando, hablando y visualizando sus metas, pero nunca las ejecutan. En estos capítulos, aprenderás cómo dar el paso decisivo para convertirte en el triunfador que, además de soñar, también hace.

En la cuarta y última parte, descubrirás cómo mantenerte firme en tus decisiones, en especial, cuando enfrentes dificultades o sufras una caída que ponga a prueba tu confianza y tu compromiso con tus metas. Uno de los propósitos clave de esta sección es ayudarte a redefinir el fracaso, comprendiendo que este no es el final del camino, sino una valiosa oportunidad para aprender, crecer y mejorar.

El propósito de cada historia, estrategia, anécdota o reflexión que hallarás a lo largo de esta lectura es inspirarte a tomar acción. Después de todo, para que aquello que quieres lograr se materialice es imprescindible actuar con firmeza y decisión.

Introducción

La leyenda cuenta que, en épocas de extrema sequía, la mayoría de las tribus de la pradera suelen realizar danzas especiales, con la esperanza de que la madre naturaleza les envíe el preciado líquido, imprescindible para sus cosechas y su supervivencia.

Como es de esperar, los resultados no siempre son los deseados y muchas de las tribus pronto se desaniman, aceptan su suerte y se dan por vencidas, tratando de sobrellevar lo mejor posible los largos y difíciles meses de un verano agobiante y amenazador.

Sin embargo, entre todas las danzas de las diversas tribus, la de los Powhatan se destaca por los asombrosos resultados que produce. Su baile es 100% efectivo. Así es, leíste bien: ¡100% efectivo! ¡Siempre que ellos bailan, llueve!

¿Tengo tu atención? Al igual que tú, yo también quedé sorprendido al escuchar aquello.

Como suele ocurrirme cuando escucho algo que parece demasiado bueno o extraño para ser cierto, mi primera reacción fue pensar que estaba ante una de esas historias que tienen más de mito que de realidad.

Por fortuna, como mencioné antes, he aprendido a evitar hacer juicios demasiado apresurados, a entender que todo lo que hoy es posible en algún momento fue considerado imposible y a escudriñar un poco más para ver qué hay detrás de aquello que en un principio me parece poco probable o, a las claras, increíble.

Después de consultar muchas fuentes, sin obtener resultados concluyentes, comprendí que la única manera de verificar aquel hecho era mediante una investigación de campo, así que, unas semanas más tarde, me encontraba en camino hacia el lugar que apuntaba ser el sitio de origen de aquella leyenda.

A decir verdad, el viaje no me aclaró mucho más de lo que ya sabía. Aunque, tras varias semanas de búsqueda, al fin di con la razón de la asombrosa efectividad de aquel grupo de jóvenes Powhatan, en quienes toda la tribu deposita sus esperanzas de hacer que llegue la tan ansiada lluvia.

La respuesta me hizo reflexionar sobre cómo, en muchas ocasiones, los principios del éxito son más simples de lo que solemos suponer. Pensamos que la explicación del porqué de las cosas será tan compleja que nos costará entenderla, cuando, en realidad, resulta mucho más sencilla de lo que imaginamos.

En el caso de esta tribu, la razón de su extraordinaria efectividad es simple: no se debe a que ellos posean algún poder sobrenatural ni a que su baile en particular sea de mayor agrado a sus dioses ni que hayan logrado perfeccionarlo más que el resto de las tribus... Nada de eso. De hecho, su danza es muy similar a las de otros pueblos que, al no ver resultados inmediatos, pronto se desaniman y abandonan su esfuerzo.

La verdadera razón de su efectividad es que ellos, simplemente, no paran de bailar hasta que llueva. Eso es todo. El secreto de su increíble hazaña es bailar hasta que la lluvia llegue.

¿Qué tal esta metáfora para entender cómo lograr que llueva en tu vida todo lo que deseas? Simple: no pares de bailar hasta que llueva.

En otras palabras, si todavía no está lloviendo aquello que buscas —bienestar, riqueza, salud, abundancia, éxito, plenitud—, ni se te ocurra parar de bailar.

Si no estás avanzando tan rápido como quisieras hacia esa meta que quieres lograr y estás comenzando a desanimarte; si tu negocio está estancado, ignoras qué más hacer y quieres tirar la toalla; si la libertad financiera o el éxito profesional te parecen una imposibilidad y estás a punto de darte por vencido; si el camino se ha puesto tan duro y la abundancia que deseas aún no se da, haz lo que sea, menos dejar de bailar.

¿Estás deprimido por tu falta de progreso? No pares de bailar. ¿El camino se ha puesto tan difícil que sientes que lo mejor es desistir antes de que todo empeore? Sigue bailando, sigue insistiendo, sigue persistiendo… Aguanta, avanza, evita el camino fácil. Levántate, sacúdete el polvo y continúa.

Ese es el secreto del éxito, tanto de los jóvenes Powhatan de nuestra historia como de cualquiera de los casos de éxito que han moldeado la historia de la humanidad. No renuncies cuando el logro de tus metas puede encontrarse a la vuelta de la esquina.

Si aún no ha llovido toda la abundancia ni la prosperidad ni el éxito que tanto anhelas, de ninguna manera quiere decir que vas por el camino equivocado o que ese sueño es demasiado grande para ti y que lo mejor es renunciar… ¡No! ¡Nada de eso! Lo único que eso quiere decir es que tienes que seguir bailando.

Ese es el secreto del éxito: no parar de bailar hasta que llueva.

Primera parte

La decisión de bailar

*Quien siembra una semilla
no espera que esta brote de inmediato,
pues sabe que el tiempo de la cosecha
llegará en su momento.*

*Eso le da la paciencia y la disciplina
que necesita para regarla y cuidarla
hasta que esté lista a dar su fruto.*

*Todo aquel que siembra con prisa,
termina cosechando a destiempo.*

—Enseñanza del pueblo Mattaponi

Uno

Cuando seguir bailando es la única opción

A lo largo de los siglos, la humanidad ha sido testigo de innumerables logros en la ciencia, las artes, los deportes, los negocios y en muchos otros ámbitos, todos ellos, fruto de esa actitud Powhatan de no conformarse con nada menos que el éxito.

Vince Lombardi, el famoso entrenador de fútbol americano, solía decir: "Algunas veces, ganas porque es lo único que sabes hacer". Con estas palabras, él dejaba claro que el éxito no depende tanto de las circunstancias, sino de la determinación y la tenacidad que tengas, y de estar convencido de que solo existe un camino posible: la victoria.

El grito de guerra con que él enviaba a su equipo al campo de juego era directo y contundente: "Triunfar no es lo más importante... Triunfar es lo único importante". Esta actitud les dejaba claro a sus jugadores que solo la victoria justificaba el arduo esfuerzo de cada partido. Sin lugar a duda, este es un llamado similar a la actitud Powhatan, que no contempla el fracaso: no pares de bailar hasta que llueva.

Quizá, pienses que la actitud de Lombardi resulta algo arrogante y desconoce que es imposible ganar siempre. Sin embargo, es importante reconocer que fue esa mentalidad la que motivó a los Green Bay Packers a conquistar cinco campeonatos en solo nueve años. Esa es la actitud que más se necesita cuando los resultados no son los que uno espera, como era el caso de los Packers —un equipo que llevaba 15 años sin ganar un solo campeonato y que se había resignado a ocupar los últimos lugares en la clasificación.

Lo cierto es que, cuando enfrentas momentos difíciles en la vida, hay veces en que tienes que mirarte al espejo, decir "fracasar no es una opción" y cambiar por completo la forma en que estás viendo la situación. Te lo menciono porque, hace algún tiempo, recibí un correo electrónico que, en un par de párrafos, resumía una angustia que aqueja y asfixia a millones de personas.

Cada semana, recibo cientos de mensajes similares de lectores que me escriben de todas partes del mundo; muchos, con la esperanza de saber cómo descubrir qué deben hacer con su vida, desconsolados porque creen haber renunciado a los sueños de su juventud. "He dejado de vivir para dedicarme a sobrevivir", me escriben algunos, angustiados ante la posibilidad de estar desperdiciando su vida.

Es imposible leer todos los correos, menos aún contestarlos de una manera objetiva, porque lo cierto es que, contrario a lo que sus autores piensan, ni siquiera soy yo quien tiene las respuestas que ellos buscan ni tampoco quien debe darlas, ya que estas se encuentran en su interior. Lo único que yo puedo hacer es guiarlos para que se hagan mejores preguntas.

El hecho es que aquel correo era bastante inusual. Pocas veces, alguien me pregunta si está bien desistir, si es prudente renunciar, olvidarse de esa elusiva meta que parece escabullirse a cada rato e insiste en no dejarse alcanzar. Quizá por eso, el mensaje de Magdalena me llamó la atención.

> *Estimado Dr. Cruz:*
>
> *Siempre me he considerado una persona exitosa, no tanto por mis logros, que aún no son muchos, sino por mi actitud. Sin entrar en detalles que a lo mejor sobran, quisiera hacerle una pregunta sobre la que he estado reflexionando desde hace un tiempo y que no logro responder con total satisfacción: ¿Cuándo sabe uno que es hora de "tirar la toalla"? ¿Hay alguna señal que nos indique que es tiempo de dejar de perseguir metas que, a lo mejor, si no se han dado, es porque no son para uno?*
>
> *Después de leer sus libros, casi adivino lo que me va a responder: que jamás debo darme por vencida, que elimine de mi vocabulario la palabra renunciar… Y yo entiendo eso, pero a veces, pareciera que esa actitud de evitar rendirse es insuficiente para impulsarnos a seguir adelante.*

> *Le confieso que, en más de una ocasión, he querido tirar la toalla, pero me angustia pensar en lo que significa renunciar. Es aceptar que "no pude", que el éxito "me quedó grande", que debo dejar de pensar en esa meta; es dejar de hablar de esa ilusión, aceptar que a lo mejor ese sueño no era para mí o que yo no fui capaz de ser la soñadora que lo hiciera realidad.*
>
> *Eso es lo que me ha mantenido insistiendo, bregando y luchando. Pero quizás, en realidad si hay un momento de aceptar que una meta no es para uno, que ya se hizo el mejor esfuerzo y que, si nada ocurrió, es hora de renunciar. Por eso, le pregunto: ¿Cuándo sabe uno que ha llegado ese momento de admitir que lo mejor es darnos por vencidos?*
>
> *No es fácil. Gracias por su tiempo. Yo sé que usted debe recibir decenas de mensajes como este y a lo mejor ni tiene el tiempo de leerlos todos, pero si por casualidad llega a leer este, me gustaría que me dijera qué cree que debo hacer.*
>
> *Atentamente,*
>
> *Magdalena*

Magdalena estaba en lo cierto. Mi primera reacción fue responderle aquello que ya he escrito decenas de veces en mis libros: "Jamás te rindas", "Hay que persistir hasta lograr los resultados que buscas", "Los triunfadores nunca renuncian". Pensé en citarle a Churchill o a Lincoln o en enviarle algún poema sobre el poder de la persistencia... pero me detuve.

La verdad es que la situación de Magdalena en absoluto es única. En algún momento de nuestra vida, todos hemos enfrentado circunstancias que parecen tan desafiantes y abrumadoras que la tentación de rendirse es casi irresistible. Ya sea a nivel personal, con nuestra salud, nuestras relaciones, nuestras finanzas o en el ámbito profesional, con nuestro trabajo o negocio, hay momentos en los que las dificultades se acumulan y la idea de seguir luchando parece inútil y hasta agotadora.

Pero aunque a veces renunciar parezca una solución inmediata, esta suele ser una decisión que casi nunca nos enseña nada ni nos ayuda a crecer ni a reencontrar el camino al éxito. En cambio, las adversidades y los desafíos, pese a ser dolorosos en el momento, siempre nos dejan lecciones valiosas.

Por eso, cuando leí el mensaje de Magdalena, me di cuenta de que lo que ella necesitaba no era una frase motivacional más. Además, era evidente que, si ella hubiese querido una excusa que la eximiera de dejar de luchar por sus metas, ya la habría encontrado hace mucho tiempo. Había un dolor en sus palabras que solo era posible percibir leyendo con cuidado lo que escribió e imaginando lo que ella estaba sintiendo y dejó sin decir.

Así que le pedí que de ninguna manera fuera a tirar la toalla aún y le compartí la historia del baile de la lluvia.

Tres días más tarde, recibí un segundo mensaje en que lo único que ella decía era:

"Aún no ha llovido… ¡Seguiré bailando hasta que llueva!".

Magdalena comprendió que alcanzar lo que queremos es mucho más que ser persistentes, porque persistir —que implica mantenerse constante y firme— es una actitud que, en general, no exige que salgamos de nuestra zona de confort, mientras que alcanzar lo que uno desea requiere de nuestra parte que desafiemos los límites de lo posible.

De hecho, te confieso que, al comenzar a escribir este libro, pensé que sería una historia sobre el poder de la persistencia. Sin embargo, mientras más leía las historias de vida de aquellos triunfadores que quería incluir —hombres y mujeres que se negaron a rendirse, obsesionados con lograr un sueño—, entendí que la decisión de los Powhatan de no dejar de bailar hasta que llueva requiere de mucho más que ser persistentes.

Por mi parte, lo que admiro en las historias de éxito que encontrarás a lo largo de estas páginas es que se trata de soñadores que se dispusieron a dejarlo todo en el campo de juego, a entregar su mejor esfuerzo, incluso cuando lo único que el futuro parecía ofrecerles eran fracasos y frustraciones. Y, a pesar de eso, todos ellos siguieron adelante, obstinados en alcanzar el sueño o el propósito que deseaban hacer realidad.

Tal vez, tú mismo estés atravesando uno de esos momentos difíciles en los que se enfrentan grandes desafíos y batallas internas. Es posible que sientas que ya no hay nada más que hacer y por eso quieras rendirte. Si es así, cada capítulo y cada historia que hacen parte de esta lectura serán una invitación a "no tirar la toalla". Me encanta esta expresión porque siento que describe a la perfección el espíritu de los jóvenes Powhatan que bailan con la esperanza de cambiar lo que parece inalterable.

Para quien no haya escuchado esta frase, es una expresión que se usa en el mundo del boxeo. Cuando, en el transcurso de la pelea, el entrenador ve que su boxeador está siendo masacrado, sin fuerzas para continuar y sin posibilidad de ganar el combate, tira la toalla en medio del cuadrilátero para indicarle al árbitro que detenga la pelea. El objetivo es evitar que el boxeador siga recibiendo un castigo tan severo cuando ya no hay opción de victoria.

A pesar de esto, hubo peleas legendarias en las que, durante los descansos entre un asalto y el otro, era posible ver a algunos boxeadores, sangrando profusamente, con los ojos hinchados y casi inconscientes, rogándoles a sus entrenadores que de ningún modo fueran a tirar la toalla. A pesar de lo mal que estaban, ellos seguían creyendo que cambiarían el resultado del combate y se negaban a renunciar, a la posibilidad de ganar, así ellos fueran los únicos para quienes el triunfo aún seguía siendo alcanzable.

Esa actitud de no tirar la toalla, con todo lo que conlleva, es lo que simboliza el baile de la lluvia Powhatan. Es la determinación de seguir adelante hacia una meta, a pesar de las dificultades, los obstáculos o la falta de éxito inmediato. El baile de la lluvia representa la obstinación y la firmeza de quien insiste sin rendirse ante la frustración, el cansancio o la inminencia del fracaso.

Eso fue lo que impulsó a triunfadores como Gabriela Andersen, José Hernández, J.K. Rowling, Richard Bach, Steve Jobs, Oprah Winfrey y a muchos otros que encontrarás a lo largo de estas páginas, que decidieron seguir adelante a pesar de los múltiples fracasos, las burlas, los rechazos y las críticas que todos ellos enfrentaron.

Es probable que tú también tengas un sueño que deseas ver hecho realidad, un objetivo o una meta que te impulsa a seguir adelante y quizás, en algún momento, al igual que Magdalena, hayas sentido la tentación de rendirte.

Mi llamado para ti es sencillo: no renuncies a tus sueños solo porque el camino se ha puesto más difícil de lo que imaginaste.

Recuerda que, cuando tienes un propósito grande, digno de tu mejor esfuerzo, y aún no lo has alcanzado, la única opción es seguir adelante, seguir luchando, seguir "bailando".

Dos

¿Por qué unos logran que llueva y otros no?

Ya sabemos cuál es el secreto de la efectividad del baile de la lluvia Powhatan y el porqué de la falta de resultados de las demás tribus. Pero ¿qué hace que aún hoy unas personas logren superar los retos que la vida les presenta y otras no? ¿Acaso ellas son más inteligentes, talentosas o privilegiadas? ¿Es su éxito cuestión de suerte o tiene que ver con el entorno o las circunstancias? ¿Cuentan ellas con más apoyo o tan solo se trata de gente que ve oportunidades donde otros no las ven?

Lo que yo he descubierto es que, en la mayoría de los casos, la característica más destacada de los triunfadores es que ellos tienen claro lo que quieren, ya sea que se trate de superar un reto, solucionar un problema o sobreponerse a una dificultad.

Pero, en lugar se sentarse a esperar que las circunstancias sean las más propicias, que alguien más les resuelva su situación, que cambie su suerte o llegue el momento ideal para actuar, las personas con determinación examinan todas las posibles soluciones —inclusive las más absurdas—, deciden actuar, porque confían en su capacidad para superar el obstáculo que enfrentan, ponen manos a la obra y siguen adelante hasta lograr su cometido.

Sin duda, los Powhatan enfrentaban un gran reto, una sequía que ponía en peligro su propia existencia.

Quizá, los obstáculos que la mayoría de nosotros enfrenta a diario no son de tal magnitud. No obstante, como nos lo muestra la tribu de nuestra historia, la actitud con que enfrentemos cualquier reto o dificultad determina los resultados que obtendremos.

Ante un problema, la actitud más común de muchas personas es simplemente ignorarlo, pretender que ni siquiera existe o que no las afecta a ellas, así que optan por no hacer nada.

De hecho, hay una gran cantidad de expresiones populares que justifican la decisión de dejar todo tal como está. Frases como "No hagas una tormenta en un vaso de agua" o "Deja de perder el tiempo tratando de solucionar un problema que no existe" intentan convencernos de que, al prestarle atención al problema, solo lo estamos creando, agrandando o empeorando. Entonces, lo mejor es ignorarlo y dejar las cosas como están.

Incluso cuando el problema les afecta directamente, hay quienes tienden a restarle gravedad, considerando que no es tan serio como para preocuparse. Por ejemplo, si llevan varios meses experimentando un dolor en el pecho, en lugar de actuar con prontitud, asumen que, con el tiempo, el problema se resolverá por sí solo, que prestarle atención solo empeorará la situación y que consultar a un médico revelará con seguridad alguna condición de salud más grave, así que lo más sensato es dejar todo tal cual.

La estrategia de otros es lamentarse de la dificultad que enfrentan con la esperanza de que, si se quejan lo suficiente, hacen mucho ruido y llaman la atención hacia el problema, alguien más se encargará de solucionarlo.

Algunos deciden actuar al respecto, siempre y cuando la solución sea fácil y no les exija salir de su zona de confort, pero renuncian si el camino se pone muy duro, si reciben demasiadas críticas o burlas de los demás o si no ven ningún progreso rápido. Ellos se contentan con saber que, por lo menos, hicieron un esfuerzo. Eso los hace sentirse mucho más proactivos que los demás, así no hayan logrado superar sus dificultades y todo siga igual.

Lo cierto es que solo unos pocos persisten y continúan trabajando en solucionar el problema hasta superarlo. En otras palabras, tal como la tribu de nuestra historia, ellos no paran de bailar hasta que llueva.

Entonces, ¿cuál debe ser la manera correcta de enfrentar un problema? Presta atención a las siguientes cuatro lecciones que la actitud de los Powhatan ilustra a la perfección:

1. La primera es que la tribu decide que tiene que tomar cartas en el asunto. Una sequía que a lo mejor significa su aniquilación no es un problema menor ni fácil de ignorar. Para ellos, la única alternativa a su alcance es su ancestral danza de la lluvia.

Es posible que para algunos resulte absurdo pensar que bailar sea la solución a su problema. ¿Sabes qué pienso yo? Que esa decisión simboliza uno de los principios más importantes del éxito: cuando enfrentas una gran dificultad y decides entrar en acción, con tal de solucionarla, tomas de nuevo el control de tu vida. Aquel que se resigna a su suerte, porque cree que hay poco que hacer ante la dificultad que enfrenta, está renunciando a la responsabilidad que tiene con respecto a su destino.

Ese es el verdadero valor de enfrentar un problema y decidir resolverlo en lugar de evadirlo. Así lo que elijas hacer le parezca absurdo a la mayoría, el simple hecho de tomar la decisión de abordarlo de alguna manera significa que te estás enfocando en la solución y no en el problema.

La próxima vez que estés encarando un reto de esos que sientes que podrían liquidarte, decide solucionarlo lo más pronto posible. No te rindas ni permitas que la impotencia se apodere de ti. Jamás dejes que el problema sea más grande que tu decisión de superarlo. Entra en acción. A lo mejor, eso que decidas hacer en un comienzo no sea lo que solucionará el problema, pero, por lo menos, te pondrá en movimiento, te ayudará a pasar de ser la víctima de tus circunstancias a ser el arquitecto de tu destino.

2. La segunda lección que nos enseña la danza de la lluvia tiene que ver con la convicción y la confianza con las que actúas. Porque ni siquiera se trata de hacer las cosas de cualquier manera. La actitud con la que las hagas juega un papel trascendental.

Los jóvenes Powhatan encargados de la danza, lejos de ver aquel ritual como un acto simbólico para expresar su temor o su desespero, están convencidos de que su baile produciría la lluvia que tanto necesitan.

¿Actúas tú con esa misma convicción? Recuerda que la actitud con la que empieces cada día, con la que realices tus actividades cotidianas y enfrentes las adversidades, dice "creo en mí, confío en mi capacidad y sé que triunfaré", aunque también podría decir "dudo de mi capacidad, me siento inseguro y poco preparado, y creo que voy a fracasar". Está en tus manos decidir con cuál actitud abordarás tu día.

Cuando procedes con total convicción, ese simple acto te devolverá la fe en ti mismo, aumentará tu confianza en tus habilidades y mejorará tu autoestima.

En mi curso *Poder sin límites en las ventas*, les digo a los asistentes que es posible tener dos vendedores presentándole el mismo producto al mismo cliente: ambos le ofrecen igual precio, la garantía es idéntica y a lo mejor hasta trabajan para la misma empresa. Sin embargo, por alguna razón, llega un momento en que ese cliente elige decirle *sí* a uno de ellos y *no* al otro. ¡El mismo cliente!

Cuando ocurre esto, la única explicación posible es que la decisión del cliente no estuvo basada en el precio o las características del producto, sino en las cualidades del vendedor; en su actitud, en su nivel de motivación, en la convicción con la que se expresó y en el entusiasmo que fue capaz de transmitir.

En otras palabras, si actúas con fe en ti mismo, con confianza en tus capacidades y con total convicción en tu decisión de persistir hasta lograr lo que te has propuesto, la mitad de la batalla ya está ganada. Si lo piensas, lo que diferencia la danza de nuestra tribu de las danzas de otras tribus es su decisión de insistir e insistir hasta que llueva.

3. La tercera lección ilustra la importancia de tomar acción inmediata. De poco sirve creer en ti mismo, decidir que harás algo y desarrollar un plan, si no actúas. La acción es el factor diferenciador. El paso decisivo es cuando, después de planear, decides ejecutar tu plan de inmediato.

Muchos soñadores saben lo que deben hacer, hablan de hacerlo, se comprometen a hacerlo, planean hacerlo, se visualizan haciéndolo, pero nunca lo hacen. No obstante, tú y yo sabemos que nada ocurre, nada cambia, a menos que actuemos.

Uno de los peores enemigos de nuestro éxito es la tendencia a posponer lo que sabemos que debemos hacer, la manía de dejar las cosas para después, para más tarde, para otro día, para la semana entrante, para el mes que viene o para el próximo año; todo, con tal de evitar dar el primer paso hoy.

¿A qué se debe esto? Por lo general, es producto del miedo, la inseguridad o la preocupación por lo que otros piensen. Tal vez, nos sentimos inseguros con respecto a nuestro nivel de preparación, no creemos tener los recursos necesarios o nos parece que es mejor esperar a que llegue el momento más adecuado. Es posible que no tengamos claras las metas que queremos alcanzar o que hayamos permitido que la posibilidad de fracasar nos paralice. El hecho es que, sea cual sea la razón, si permanecemos estáticos, nada en nuestra vida cambiará.

Así que olvídate de todas las razones que tengas para evitar dar ese primer paso. No importa cuáles sean tus circunstancias, tus temores o tus dudas. Aun si consideras que no es el mejor momento para empezar, ¡empieza! Haz lo que sea, pero hazlo ya. No mañana… ¡Ya! Recuerda que empezar es más de la mitad del camino.

4. La cuarta lección de esta formidable historia es que, así comenzar sea crucial, el verdadero objetivo es terminar lo que empezaste, persistir hasta lograr lo que buscas. Bailar hasta que llueva.

No se trata de hacer lo mejor que puedas por un tiempo para sentir que, por lo menos, lo intentaste, ni es cuestión de persistir mientras dure el entusiasmo, pero renunciar tan pronto sientas que perdiste el ánimo o que estás demasiado cansado. Tampoco es intentar hacer las cosas por un rato, con la esperanza de ver resultados inmediatos, pero tirar la toalla si sientes que te está tomando demasiado tiempo alcanzar tu meta. Se trata de bailar hasta que llueva.

Una vez decidas qué es lo que quieres que llueva en tu vida, que tengas clara la meta que quieres alcanzar o hayas identificado el reto o la dificultad que debes superar, toma acción e insiste hasta lograrlo. Si bien es cierto que hay un gran mérito en empezar, también es cierto que lo único que producirá los cambios que buscas es llevar a buen término lo que hayas comenzado.

Si estás nadando para cruzar un rio y paras a mitad de camino, te ahogas. Aun si nadas el 90% del trayecto y dejas de bracear, igual te ahogas. Necesitas nadar hasta que alcances la otra orilla. ¡Tienes que bailar hasta que llueva! Si aún te falta recorrer un tramo para llegar a la meta que persigues, tienes que seguir bailando.

Estoy convencido de que la mayoría de los seres humanos tiene sueños y objetivos que desea realizar. Sin embargo, muchos se dan por vencidos antes de haberlos logrado, renuncian ante el primer obstáculo que enfrentan. Sienten que ya han realizado un esfuerzo suficiente como para que quede demostrado que en verdad existía un genuino interés de su parte por alcanzar aquello que perseguían, pero que ya es hora de aceptar su derrota. Piensan que continuar con su empeño es muestra de terquedad y falta de aplomo y llegan a la conclusión de que deben ser "realistas" y aceptar lo inevitable.

Antes de que mi primer libro, *En busca del sueño americano*, fuera aceptado por una editorial, fue rechazado decenas de veces. Recuerdo que, en un comienzo, mi agente literario me enviaba una carta por cada uno de los rechazos que recibía mi manuscrito, describiendo las razones por las cuales la editorial en cuestión había declinado publicarlo. Después de varios meses, y en vista del poco interés que parecía haber por el libro, mi agente optó por esperar hasta tener al menos cinco rechazos de manera que pudiera incluirlos todos en una sola carta. Supongo que él no quería que me desanimara.

Por mi parte, yo estaba dispuesto a seguir bailando tanto tiempo como fuera necesario. Aunque, a decir verdad, como escritor novato, llegué a pensar que había establecido un récord en el número de rechazos recibidos por parte de las editoriales.

Con el tiempo, he descubierto que yo no soy el único autor que ha enfrentado este reto. Antes de que *Harry Potter y la piedra filosofal* fuera publicado, había sido rechazado por más de una docena de editores.

Después de completar el manuscrito, J.K. Rowling comenzó a enviar su trabajo a distintas editoriales, pero estas consideraron que la historia de un niño mago no era muy atractiva, que el libro era "demasiado extenso" y poco comercial, y que el mercado estaba saturado de libros de fantasía.

Piensa en lo fácil que hubiera sido para ella, que era madre soltera y vivía de la ayuda del gobierno, ser "realista", aceptar su derrota y buscar otra manera de ganarse la vida. No obstante, ella decidió seguir luchando por encontrar un editor que creyera en su historia.

Al fin, llegó la lluvia y una pequeña editorial aceptó el libro, no sin antes advertirle a Rowling que no se hiciera muchas ilusiones, ya que el mercado para libros de fantasía en ese momento era muy limitado. De hecho, la editorial misma dudaba de cómo sería recibida su novela, así que solo imprimió un tiraje inicial de 1.000 copias. El resto es historia; en menos de un año, *Harry Potter y la piedra filosofal* fue un éxito en Inglaterra y más tarde se convirtió en un fenómeno global en ventas.

En varias entrevistas, J.K. Rowling ha dicho que esos rechazos iniciales fueron una parte importante de su éxito, porque la ayudaron a comprender el valor de la resiliencia y le permitieron consolidar su autoestima y seguir luchando por su sueño.

"Es imposible vivir sin fracasar en algún área de la vida, a menos que vivas con tanta cautela que no hayas vivido en absoluto… En ese caso, habrás fracasado por completo", les advierte Rowling a los nuevos escritores. Hoy, la saga de *Harry Potter* se ha traducido a más de 80 idiomas y ha vendido más de 500 millones de copias en todo el mundo.

Pero la historia de Rowling de ninguna manera es un caso aislado. Stephen King, uno de los autores más exitosos y prolíficos de la literatura contemporánea, ha mencionado que en sus primeros años recibió más de 60 rechazos para los relatos cortos y las novelas que enviaba a las editoriales. Richard Bach, autor de *Juan Salvador Gaviota*, fue rechazado 18 veces antes de ser aceptado, y aun después de publicado, el libro no fue bien recibido y solo comenzó a ganar popularidad poco a poco. Hoy en día, se considera un clásico de la literatura de autoayuda y una de las obras más influyentes del siglo 20.

En cierta ocasión, hablando con mi amigo Mark Víctor Hansen, autor de la serie de libros *Sopa de pollo para el alma*, le mencionaba de mis rechazos iniciales y él me decía que, antes de que su primer libro fuese aceptado, él y Jack Canfield, su coautor, recibieron más de 30 rechazos.

De manera que, si estás a punto de tirar la toalla y buscas una fuente de inspiración para seguir pelando por tus sueños, una razón para continuar en la batalla, el mensaje es simple: persiste hasta lograr lo que buscas. Levántate después de cada caída y sigue trabajando y luchando hasta que veas tus metas realizadas.

Después de leer todas estas historias de persistencia y éxito es claro que el rechazo no siempre significa que tu trabajo no sea valioso, solo que debes seguir creyendo en ti mismo y continuar buscando las oportunidades correctas. Si deseas lograr cualquier meta que te propongas, la única opción real que tienes es no parar de bailar hasta que llueva.

Tres

¿Te enfocas en el problema o en la solución?

La neurociencia ha demostrado que el cerebro humano es incapaz de enfocarse en dos ideas al mismo tiempo. Solo podemos procesar un pensamiento a la vez. Así creamos que estamos pensando en algo mientras procesamos otro pensamiento en un segundo plano, lo que en realidad ocurre es que alternamos nuestra atención entre dos ideas de forma tan rápida que parece que pensamos en ambas al mismo tiempo.

Debido a esta limitante de nuestro cerebro, al enfrentar un reto, una dificultad o un problema debemos decidir si vamos a pensar en el problema o en la solución. Pero hay que elegir uno de los dos, ya que, como acabo de mencionar, es imposible pensar en las dos cosas a la vez.

Es fundamental entender esto, puesto que uno de los mayores obstáculos al intentar resolver un problema es que, en lugar de enfocarnos en la solución, dedicamos todo nuestro tiempo a pensar en el problema. Y, mientras el foco esté puesto en el problema, será imposible concentrarnos en la solución.

El éxito de los Powhatan es que ellos están enfocados en su baile porque saben que esa es la manera de provocar la lluvia que tanto necesitan. Ellos no se detienen cada media hora a pensar en la sequía o a cuestionarse acerca de por qué la naturaleza les habrá enviado una prueba tan dura. Tampoco se paran a revisar cuantos días llevan sin que caiga una gota de agua ni a evaluar en grupo si lo que están haciendo tiene sentido o no. En lo que ellos están trabajando es en bailar, enfocados en la solución, no en el problema. De ahí, el secreto de su éxito.

Ahora bien, en diferentes momentos de la vida, tú y yo enfrentamos diversos retos y problemas: deudas e inestabilidad financiera, sobrepeso, relaciones tóxicas, dificultades en el trabajo, enfermedades y complicaciones de salud, cuestionamientos espirituales, estancamiento profesional y un sinnúmero de otras dificultades que queremos solucionar lo más rápido posible, pero que, en ocasiones, llevamos cargando con nosotros por largo tiempo.

Lo más lamentable es que cargamos con todo esto por una razón muy simple: es mucho más fácil pensar en el problema que resolverlo. Así que preferimos reflexionar interminablemente en él, quejarnos de sus posibles causas o preocuparnos por las consecuencias, en lugar de tomar acción e implementar la solución que lo remedie de una vez por todas.

La lección que te plantea la danza de la lluvia es simple: es imposible solucionar cualquier problema, sentándote a pensar en él. Debes actuar; identificar la manera de solucionarlo y enfocar tu esfuerzo en implementar la solución hasta resolverlo. Eso es todo.

Es imposible solucionar un problema de sobrepeso pensando en el sobrepeso mismo, analizando sus consecuencias o esclareciendo si su origen ha sido genético o el resultado de otra razón. Sin lugar a duda, pensar en todo esto te convertirá en un experto en tu obesidad, pero no remediará tu exceso de peso. La única manera de solucionarlo es adoptando hábitos alimenticios saludables y haciendo ejercicio.

Por lo tanto, si estás gordo, evita caer en la trampa de estudiar pasivamente las causas y consecuencias de tu gordura. Evade el inútil engaño de adoptar el papel de víctima y lamentarte por lo injusta que ha sido la vida al enviarte ese "castigo" y no pierdas tu tiempo buscando al culpable de tu situación. ¿De qué sirve tratar de encontrar consuelo en saber que no ha sido culpa tuya, sino que fueron tus padres, que eran obesos, quienes te dejaron de herencia dicha complicación? Te aseguro que ninguna de estas opciones te ayudará a solucionar el problema.

Lo único que te pondrá de nuevo en control de tu salud es cambiar tus hábitos alimenticios y organizar tu agenda para hacer ejercicio. ¿Hasta cuándo debes hacer esto? Hasta que llueva. En otras palabras, hasta que hayas solucionado tu problema y estés en tu peso ideal.

Sin embargo, entiende que todo comienza con decidir si vas a centrarte en tratar de explicar la razón de tu sobrepeso o a enfocarte en tener una salud óptima. Una vez hayas identificado la solución, concéntrate en implementarla. Evita pensar en tu sobrepeso. Déjalo atrás. Concéntrate en la solución y, sobre todo, actúa como hayas decidido que lo harás hasta eliminar el problema de una vez por todas.

Si observas más de cerca, descubrirás que en casi cualquier dificultad que enfrentes surge siempre el mismo dilema: ¿te vas a enfocar en el problema o en la solución?

Es cierto. Imagina que te sientes abrumado ante la gran cantidad de tareas que tienes pendientes en tu trabajo. Tienes dos opciones: dejar todo como está y paralizarte sin saber por dónde empezar o crear una lista de prioridades y empezar a gestionarlas de la forma más efectiva. Cuál camino elijas depende de en qué quieres enfocarte, ¿en solucionar el problema o en vivir con él?

Ya lo mencioné cuando hablamos de hacer ejercicio físico: aunque la solución es clara —organizar tu agenda para incluir tiempo a diario para la actividad física—, muchas personas eligen concentrarse en las dificultades. Comienzan a pensar: "Estoy tan ocupado que no tengo tiempo para hacer ejercicio", "No hay gimnasios cerca de mi casa", "Estoy tan fuera de forma que ya es demasiado tarde para empezar". Una vez más, tú decides.

Lo mismo ocurre con las obligaciones financieras. Muchos se sienten atrapados por las deudas, pero en lugar de tomar acciones concretas —crear un plan de pago para saldarlas, revisar su presupuesto, reducir gastos y eliminar las compras impulsivas—, prefieren hablar de lo mala que está la situación: "El sueldo no me alcanza", "Las tarjetas de crédito con sus intereses abusivos me han condenado a la pobreza", "Es imposible ahorrar". Se aferran a estas excusas que no resuelven el problema, pero parecen eximirlos del 100% de su responsabilidad.

Porque, en el fondo, si piensas que el verdadero problema radica en que tu jefe no te paga lo suficiente o en que las tarjetas de crédito te están explotando, entonces, ya has encontrado un culpable y no eres tú. ¿Ves la trampa en la que has caído?

A veces, incluso llegamos a justificar el problema para evitar pensar en la solución. Recuerdo a un gerente que participó en una de mis mentorías y me compartió un problema que lo agobiaba: la falta de tiempo para la familia.

Según él, sus obligaciones financieras y las responsabilidades laborales, que muchas veces llevaba a su casa, le impedían disfrutar de pasar más tiempo con sus hijos. Lo peor de todo era que estaba convencido de que la situación era irreversible.

No olvidaré que, tras describirme este dilema, me aseguró que lo único que lo consolaba era saber que el exceso de trabajo y la presión para generar más ingresos eran el precio justo que él debía pagar para ofrecerle a su familia un mejor estilo de vida. Yo pensé, *imposible solucionar un problema si lo consideras una parte necesaria en tu vida.*

Esa es la trampa: cuando te enfocas solo en el problema, es imposible pensar en una solución. El problema se vuelve tan grande en tu mente que las posibles salidas parecen inalcanzables.

Sin embargo, después de algunas sesiones de trabajo, aquel gerente logró cambiar su perspectiva, reconociendo el valor del tiempo en familia a tal punto que comenzó a hacer de esta una prioridad consciente: estableció límites claros entre su trabajo y su vida personal, y comenzó a implementar cambios tanto en su oficina como en su hogar. Aprendió a delegar más responsabilidades y a confiar en su equipo, lo que le permitió desconectarse de su trabajo al llegar a casa. Además, empezó a planificar actividades familiares de forma regular y se propuso tener conversaciones más profundas con sus hijos para conocer mejor sus intereses, sueños y preocupaciones —lo cual no había hecho antes.

No sé qué tipo de dificultades estés enfrentando en este momento, pero te invito a que consideres que darle vueltas una y otra vez al problema, pensando en él día y noche, te quitará el tiempo y la energía necesarios para identificar posibles soluciones.

Inspírate en la decisión de los Powhatan y comprométete a que, a partir de ahora, ante cualquier obstáculo, enfocarás toda tu atención en implementar la solución que lo resuelva de manera definitiva.

Cuatro

¿Estás viendo tus metas o lo que te impide lograrlas?

Un proverbio Powhatan afirma que el triunfador vive enfocado en aquello que quiere lograr, mientras el perdedor se enfoca en todo eso que le impide lograrlo. El primero, se ilusiona porque ve el tesoro que se encuentra al otro lado del río, en tanto que el segundo se atemoriza porque solo ve la turbulencia que le impide llegar a la otra orilla.

Hace unos años, escuché en un podcast la conversación entre dos de mis autores favoritos: Simón Senik, autor del libro *Empieza con el porqué*, y Set Godin, experto en marketing y autor de libros como *La vaca púrpura* y *Tribus*. Los dos estaban compartiendo perspectivas diferentes sobre cómo liderar, que ilustran la vigencia de este proverbio Powhatan al que me estoy refiriendo. Simón hablaba de liderar desde el propósito y la inspiración; Set estaba enfocado en cómo ser creativos para sobresalir en el mercado.

Una de las ideas que surgió durante esa conversación, que me quedó grabada, es que todos tenemos la posibilidad de enfocarnos en nuestras metas o de preocuparnos por todo lo que nos impide lograrlas. Esta idea me atrapó porque, quien ha leído mis libros sabe que, desde el primero de ellos, he hablado de este tipo de disyuntivas que siempre vamos a enfrentar: permitir que nuestros sueños nos guíen o que sean nuestros temores los que nos indiquen qué camino tomar; prestarle atención a lo que nosotros pensamos o a lo que los demás piensan; enfocarnos en los problemas o en las soluciones; dejarnos guiar por nuestras metas o por los obstáculos que nos impiden lograrlas.

Sin embargo, en octubre de 2010, mientras visitaba la Feria del Libro de Frankfurt, en Alemania, tuve la oportunidad de ver con total claridad la diferencia abismal que hay en los resultados, dependiendo de si elegimos enfocarnos en las metas o en centrar nuestra atención en los obstáculos que nos separan de ellas.

Caminábamos con un amigo por entre los pabellones de los cientos de expositores que se dan cita cada año en esta feria, catalogada como el evento más importante de la industria editorial. Recuerdo que acababan de anunciar que Mario Vargas Llosa había sido el ganador del Premio Nobel de Literatura de ese año, así que aquello era un verdadero carnaval por el que, a duras penas, se podía caminar.

Durante los cinco días que dura la feria, más de 300.000 visitantes, agentes literarios, editores, expositores, distribuidores, libreros, bibliotecarios y escritores provenientes de al menos 100 países adquieren nuevos títulos para sus editoriales, hacen negocios y asisten a conferencias sobre temas relacionados con la industria. Con algo de suerte, de vez en cuando, tiene uno la oportunidad de llevarse como recuerdo de este gran evento un libro autografiado de uno de sus autores favoritos.

Ese fue el hecho que me permitió ver en acción la disyuntiva que planteo en este capítulo. Mientras mi amigo y yo nos movíamos entre aquel mar de gente, pasamos junto a un stand en el que el escritor Ken Follett autografiaba su nuevo libro. La espera sería larga, ya que había casi un centenar de personas aguardando a recibir su ejemplar firmado. No era para menos, con un autor que ha vendido más de 170 millones de copias de sus novelas.

Le propuse a mi amigo que hiciéramos la fila. Sin siquiera pensarlo un segundo, él dijo: "¿Estás loco? Mira lo larga que está la fila". Yo le respondí "¡Libro gratis, autografiado por Ken Follett!". "¡No… Olvídalo! Vamos a tener que esperar más de una hora", objetó él. "Oye, ¿no me escuchaste? ¡Libro gratis! ¡Ken Follett! ¡Qué importa que haya que esperar una hora!", le insistí. "¡Camilo, por favor, mira la cantidad de gente esperando! ¡Esto es una locura!".

Así que nos despedimos. Él se fue a seguir caminando y yo me quedé a reclamar mi libro.

Mientras esperaba mi turno, pensaba que, en efecto, hay dos clases de personas: las que se enfocan en lo que quieren y las que solo ven lo que las detiene de lograr lo que quieren. Yo solo pensaba en mi libro firmado, en tanto que mi amigo en lo único en lo que pensaba era en la interminable fila.

¿Sí ves? La razón del éxito de los Powhatan es que ellos están enfocados en lo que quieren —la lluvia—. En cambio, las tribus que pronto se dan por vencidas parecen más preocupadas por lo mucho que ya han bailado sin ver resultados y por eso renuncian.

Tú y yo enfrentamos una decisión similar con muchos de los sueños y los objetivos que queremos alcanzar. Yo ya decidí cómo responder. La pregunta ahora es: ¿Tú en qué decidirás fijarte: en las metas o en todo aquello que te impide lograrlas?

Si quieres empezar un negocio, tienes la opción de pensar en todo lo que este te traerá: libertad financiera, ser dueño de tu tiempo, ser tu propio jefe, desarrollar nuevas habilidades. También está la posibilidad de fijar tu atención en aquello que creas que te detendrá de lograr eso que quieres: obligarte a desarrollar nuevas aptitudes y salir de tu zona de confort, lidiar con el reto de hablar en público y tener que aprender a vender tu producto, invertir tu tiempo, dinero y esfuerzo, sin la absoluta garantía de que tu proyecto tendrá éxito. Así que elige si vas a dirigir tu atención a lo que tu sueño te traerá o a lo que te costará.

Cinco días a la semana, empiezo mi día montando en bicicleta y yendo al gimnasio. Ya es un hábito en mí, porque tengo claro lo que busco con él: lograr una salud óptima, aumentar mi nivel de energía, controlar mi peso, fortalecer los músculos y, en general, mejorar mi calidad de vida.

Pero te voy a confesar algo: al comienzo, no todos los días me sentía igual de motivado para hacerlo. A veces, hacía mucho frío; otras veces, pensaba que no tendría tiempo para mis otras tareas y actividades; unos días —los más fríos— pensaba que lo mejor era quedarme en cama y no arriesgarme a coger una gripe o un virus. Pronto, me di cuenta de que, entre más tiempo dejaba pasar antes de empezar, más excusas y justificaciones encontraba para posponer lo que había prometido hacer. Hasta que un día, tomé la decisión de solo pensar en el premio, de visualizarme disfrutando ya de los beneficios y pagar el precio sin cuestionamientos, sin tener que negociar cada día si valía o no la pena tanto esfuerzo.

¿Sí ves? Todo sueño, toda meta que quieras alcanzar —empezar un negocio, lograr tu peso ideal, terminar una nueva carrera, viajar por el mundo, escribir un libro o lo que sea que quieras hacer— tiene un precio y tú debes decidir si te vas a enfocar en lo que quieres o te vas a enfocar en el precio que tendrás que pagar por eso que quieres. Sin embargo, ten presente que el precio del éxito no es negociable —o pagas por el éxito y triunfas o terminarás pagando un precio aún mayor: el fracaso.

Decide que, frente a cualquier situación que se te presente con respecto a estas dos alternativas, optarás siempre por ser un hacedor, por realizar todo aquello que sabes que debes hacer y lo harás sin discusión alguna.

Porque decisiones como esta se te presentarán en infinidad de formas a lo largo de la vida. De manera que tiene sentido decidir hoy cómo vas a enfrentarlas. ¿Vas a sentarte a esperar a que las circunstancias cambien por sí solas, con la idea de que, dándoles suficiente tiempo todo se arreglará, o vas a hacer lo que sabes que debes hacer?

Si estás enfrentando un problema financiero que exigirá una solución drástica de tu parte, ¿te limitarás a pensar en el problema o te pondrás a trabajar de inmediato en la solución? Esas son las dos únicas opciones que tienes.

Has sufrido un fracaso que te ha hecho pensar en abandonar ese sueño por el que tanto has luchado. ¿Cómo vas a interpretar esa caída? ¿Como una señal inequívoca de que el universo te está diciendo que debes renunciar o como una oportunidad de aprender una lección que te acerque al éxito?

¿Ves? Ante cualquier reto que estés enfrentando, tienes la opción de ver las cosas como son y aceptarlas creyendo que hay poco que hacer o verlas como podrían llegar a ser y comenzar a trabajar en hacerlas realidad.

Siempre estás en control de cómo responder ante cualquier reto que el destino ponga en tu camino. Estás en total libertad de permitir que tus temores sean los que te digan qué tan lejos llegarás o que sean tus sueños los que te ayuden a descubrir el enorme potencial que ya se encuentra en tu interior.

Si reconoces una debilidad en ti, eres libre de enfocarte en ella, convencerte de tu incapacidad y permitir que ella te defina como persona u optar por enfocarte en tus fortalezas y sentirte invencible.

Es posible que algunas de las circunstancias que enfrentes retrasen tu éxito. Y frente a ellas, lo único sensato es gestionar lo que esté bajo tu control y olvidarte del resto, sin permitir que lo que es imposible de controlar te paralice.

Si tus planes no salen como esperabas, estás frente a la opción de quejarte de que nada te sale bien y jugar el papel de víctima o aprender de esa situación de tal manera que, la próxima vez, sepas cómo responder.

Frente a las críticas ajenas ¿vas a valorar más sus juicios o te olvidarás del "qué dirán" y les darás más valor a tus propias opiniones y expectativas?

Como ves, las circunstancias cambian, pero las opciones de cómo responder son siempre las mismas: ¿elegirás ver el libro o la interminable fila? ¿Vas a concentrarte en lo que deseas lograr o en los obstáculos que te separan de ello?

Esta es la decisión crucial que te invito a tomar en esta primera parte. Es una cuestión de estrategia o táctica, pero también es decidir si vas a enfocarte en lo que te fortalece o a quedarte atrapado en lo que te limita. Al final, el poder de transformar tu realidad comienza con aquello en lo que decides enfocarte.

¿Vas a elegir el camino que te impulsa hacia delante o seguirás atrapado en eso que te detiene? La decisión es tuya, pero recuerda: tu enfoque define tu destino.

Segunda parte

¿Qué quieres que llueva en tu vida?

*El peor enemigo del ser humano
es el miedo, porque no habita en la tierra
ni en el viento ni en el río,
sino en el corazón
de todo aquel que lo invite a entrar.*

*Su gran poder consiste
en que llega como huésped.
Al poco tiempo, se convierte en dueño y señor,
y al final, termina por encadenar
el espíritu de quien lo invitó.*

—Adagio de la tribu Appomattox

— Cinco —

Ojalá que llueva café en el campo

¿Alguna vez te has detenido a reflexionar sobre qué sueño perseguirías si pudieras alcanzar cualquier meta que desearas? Si se te apareciera el genio de la lámpara y te ofreciera concederte tres deseos, ¿cuáles le pedirías?

Te lo pregunto porque, si lo analizas con detenimiento, el baile de la lluvia es, en esencia, un acto de fe. Similar a cuando elevas una plegaria a Dios, pidiéndole que te ayude a lograr un propósito extraordinario —es ese tipo de oraciones que reservas para momentos decisivos, cuando sabes que lo que está en juego es una ambición profunda, una meta que tiene el poder de transformar tu destino.

Siempre he creído que, si vamos a soñar, hagámoslo en grande. A menudo, me parece que somos demasiado tímidos y cautelosos con nuestras aspiraciones. Nos conformamos con sueños pequeños, en lugar de atrevernos a soñar en grande. Tal vez, porque los sueños modestos nos parecen más fáciles de conseguir o porque creemos que están más dentro de nuestras posibilidades.

Mientras escribía este capítulo, vino a mi mente la canción de Juan Luis Guerra, *Ojalá que llueva café* —de ahí el título del capítulo—, así que decidí escucharla con atención y leer acerca de su origen, con la esperanza de descubrir otra perspectiva desde la cual evaluar nuestro baile de la lluvia.

Aunque la realidad de los Powhatan y la de los campesinos de la República Dominicana parecieran tener poco en común, lo cierto es que, leyendo una entrevista que le realizaron al cantautor sobre el origen de su canción, se aprecia a la perfección la universalidad de los principios del éxito.

Juan Luis Guerra recuerda que, en cierta ocasión, escuchó algunos poemas del campo y le llamó la atención uno en particular que describe el anhelo del poeta por que llueva café. La metáfora le pareció tan hermosa que él de inmediato comenzó a trabajar en una canción que describiera una cosecha tan grande, que les diera a las personas la oportunidad de mejorar su vida y alcanzar la felicidad.

Porque, al ser uno de los cultivos más importantes en ese país, el café es un símbolo de fortuna y abundancia. De manera que, esperar que llueva café en el campo significa el deseo de prosperidad y bienestar en la vida.

No entendiéndolo como la esperanza de que lo que queramos lograr nos caiga del cielo, sin esfuerzo alguno de parte nuestra. Más bien, se trata de la convicción de que estamos dispuestos a dar el 100% de nuestro esfuerzo, conscientes de que ese es el precio que debemos pagar para hacer realidad aquello que anhelamos.

Cuando le prestas atención a la letra de *Ojalá que llueva café*, encuentras que es una proclama de vida, riqueza y abundancia, que ruega que llueva café, que pide un aguacero de yuca y té, que caiga una llovizna de queso blanco y miel, que llueva trigo, arroz, ñame, tocino, batatas y fresas. Es decir, lejos de pedir lo suficiente, nos invita a atrevernos a soñar con una vida en la que todos nuestros anhelos se hagan realidad.

A lo mejor, tú quieres que lluevan relaciones profundas y amorosas con tus seres queridos, alcanzar un nivel óptimo de salud, que te permita vivir con energía y vitalidad, lograr la libertad financiera que te brinde tranquilidad y autosuficiencia, contribuir de algunas formas significativas a tu comunidad, ampliar tus horizontes personales viajando, aprendiendo más habilidades o conociendo nuevas culturas. Sueños y metas que, con certeza, habrás repasado una y otra vez, y que representan todo aquello que deseas que llueva en tu vida.

Evita caer víctima de las metas "realistas"

Los Powhatan creen que los sueños son la puerta a la realidad y el primer paso en la materialización de todo lo que ocurre en nuestra vida. Están convencidos de que las grandes metas potencian la capacidad de todo ser humano para persistir y no darse por vencido. Después de todo, cuanto mayor y más significativo sea el objetivo que persigues, más difícil será abandonarlo.

Y aunque habrá quienes piensen lo contrario —que son precisamente los sueños grandes, por parecer inalcanzables, los que solemos abandonar con más frecuencia—, la danza de la lluvia Powhatan ilustra con total contundencia que no hay metas imposibles, sino personas que no están dispuestas a luchar por ellas hasta alcanzarlas.

Lo cierto es que, si persigues un objetivo pequeño, será mucho más fácil dejarlo de lado cuando enfrentes dificultades o notes que no avanzas tan rápido como esperabas. Después de todo, no estarías abandonando tu gran sueño, sino una meta menor. Es indudable que perseguir objetivos ambiciosos nos impulsa a seguir adelante y fortalece nuestra determinación para mantenernos firmes y persistentes hasta verlos realizados.

No obstante, aunque este argumento pareciera razonable en teoría, en la práctica, solemos caer en la trampa de fijar objetivos mucho más modestos. Por supuesto, nunca los llamamos pequeños; preferimos considerarlos "metas más realistas". Y por "realistas" entendemos que son propósitos que no nos exigen demasiado, de manera que nos brindan una cierta seguridad de poder alcanzarlos. En lugar de proponernos objetivos altos, elegimos metas más alcanzables, que se ajusten a lo que percibimos como nuestras habilidades reales.

Esta es una de las barreras más insidiosas que enfrentarás en tu camino al éxito. Porque, aunque suena lógico y sensato fijarse objetivos que parezcan alcanzables y estén dentro del rango de lo posible, estas metas realistas siempre te van a limitar, ya que están alineadas con lo que ya sabes hacer, no con lo que aún no has imaginado o no te has atrevido a perseguir. Piénsalo, si solo actúas basado en lo que crees posible de acuerdo con tu situación actual, tomando como referencia lo que ya has logrado, jamás lograrás descubrir tu verdadero potencial.

Sin desafiar tus límites, nunca sabrás hasta dónde eres capaz de llegar. Terminarás conformándote con lo que consideras posible y renunciando así a trabajar hasta lograr lo imposible. De este modo, jamás alcanzarás niveles de resultados más altos ni conocerás qué hay más allá de tu zona de confort, ya que tus creencias limitantes te están condenando a soñar a pequeña escala.

Si quieres desarrollar un negocio, a lo único que esos límites autoimpuestos te llevan es a aspirar a hacer lo mejor que puedas en lugar de intentar crear una empresa que revolucione la industria. Tal vez, te parezca inalcanzable ser el siguiente Steve Jobs o Bill Gates, pero al conformarte con los que consideras objetivos más razonables, es bastante probable que nunca llegues a saber todo lo que podrías haber logrado.

Quienes piensan que se están haciendo un favor, fijando metas más realistas y alcanzables, en realidad están permitiendo que sus creencias limitantes sean las que les indiquen qué camino tomar. Porque, pese a que las metas pequeñas generan satisfacción momentánea, estas carecen del poder de transformar tu vida de manera significativa; te engañan, haciéndote creer que estás avanzando, cuando en realidad te estás quedando estancado.

¿Qué hacer entonces para superar la trampa de las metas realistas y adoptar una mentalidad de abundancia? Lo primero es que, al elegir cualquier gran propósito, en lugar de preguntarte "¿Es esto alcanzable?", cambia la pregunta a "¿Qué pasaría si esto fuera posible?". Siempre he creído que, si tus objetivos no te asustan un poco, tal vez son poco ambiciosos. Yo sé que las grandes metas están cargadas de incertidumbre, pero una vez aceptas esto y entiendes que el fracaso es una parte natural del éxito, te liberas del gran peso del temor y la duda.

Además, te recomiendo que, si notas que las personas a tu alrededor están siempre exhortándote a ser realista, es posible que estés necesitando rodearte de gente que te desafíe y te inspire a pensar más allá de tus límites. Menciono esto porque, en ocasiones, con el fin de evitarte frustraciones o desilusiones, hay quienes te aconsejan bajar un poco tus expectativas y establecer metas más prudentes, si les parece que las que tienes en mente son demasiado ambiciosas. Entonces, sus consejos, que pueden ser bien intencionados, terminan limitando tu visión y dándote una falsa sensación de seguridad.

Otra manera de romper el ciclo de las metas pequeñas es empezando a reconocer que, en su mayoría, tus limitaciones son mentales —creencias que has aceptado sin cuestionarlas—. Claro que existen barreras reales, pero incluso estos retos son superables cuando tienes una mentalidad de abundancia.

Sin lugar a duda, todo esto exigirá que trabajes en tu autoestima, en tener mayor confianza en tus capacidades y en tu disposición a tomar riesgos. Como verás a continuación, con el ejemplo de vida de Oprah Winfrey, el verdadero desafío está en atreverte a soñar en grande y evitar que tus circunstancias actuales decreten todo aquello que llegarás a ser.

El resultado de tener una mentalidad de abundancia

Cuando leí sobre la historia de Oprah Winfrey, cuyos programas siempre me fascinaron, encontré que el suyo es un vivo ejemplo de alguien que, lejos de contentarse con sueños pequeños, quiso que en su vida lloviera abundancia. Y como resultado de esa mentalidad, ella logró convertirse en una de las mujeres más influyentes del mundo y alcanzó un éxito que pocos imaginaron.

Oprah nació y creció en medio de la pobreza y la discriminación racial, y gran parte de su infancia y juventud estuvieron marcadas por el abuso físico y sexual. A los 14 años, quedó embarazada, pero su bebe murió poco después de nacer, lo que hizo que ella cayera en una depresión profunda. Sin embargo, en lugar de darse por vencida y permitir que los traumas y dificultades que enfrentó definieran su vida, ella decidió enfocarse en sus fortalezas y dejar atrás el peso de sus debilidades, usando estos retos como combustible para cambiar su destino.

Empieza ya mismo a aplicar la misma estrategia que Oprah implementó al seguir bailando hasta que llovió en su vida de tal manera que ella empezó a disfrutar de esa abundancia que tanto añoró experimentar desde joven.

El primer paso es dedicar el tiempo suficiente a identificar tus fortalezas, por pequeñas que te parezcan. Haz una lista de todo aquello que se te da bien, de las habilidades que posees y de los momentos en que has triunfado, y determina qué factores contribuyeron a ese éxito.

Una vez que hayas hecho tu lista, el siguiente paso es decidir que, en lugar de gastar energía intentando mejorar debilidades que quizá no sean tan cruciales, es mejor invertir ese tiempo en metas que aprovechen tus fortalezas. Esta práctica te ayudará a obtener resultados más positivos y fortalecerá tu confianza.

Es importante entender que estos pasos, aunque parecen sencillos, requieren de tiempo y son un proceso gradual. No se trata de borrar mágicamente tus debilidades, sino de aprender a convivir con ellas, mientras te concentras en lo que ya haces bien. Cada pequeño avance en este camino hacia el autoconocimiento y la autoaceptación te acerca más a convertirte en la mejor versión de ti mismo.

En el caso de Oprah, ella sabía desde joven que tenía un gran talento para la oratoria, de modo que, teniendo claro que esta era una de sus grandes fortalezas, dio el siguiente paso: tomar acción. Se propuso trabajar para obtener una beca que le permitiera realizar sus estudios universitarios.

Después de graduarse con un título en Comunicación, comenzó a trabajar en medios locales como reportera, con un estilo muy marcado por sus vivencias y los retos que debió superar a lo largo de su vida. No obstante, ese estilo conmovedor y empático no siempre fue apreciado por sus superiores. Y aquí viene un paso que cuesta dar: asegúrate de ser fiel a tu propósito de vida. Entonces, en lugar de adaptarse a su medio, Oprah buscó las circunstancias que se adaptaran a su manera de pensar y a su misión personal, de modo que buscó otras oportunidades que la llevaron hasta Chicago, donde aceptó la oferta de conducir un programa matutino.

Se trataba de un espacio televisivo de poca sintonía, pero dada su habilidad para conectar a nivel emocional con los invitados y generar conversaciones francas y auténticas, en menos de un año, sus óptimas capacidades comunicativas lo convirtieron en el show más popular de la ciudad. Este éxito inicial le dio la idea de cambiarle el nombre a *El Show de Oprah Winfrey*, logrando, poco después, que el programa se lanzara en televisión nacional.

A partir de allí, Oprah se convirtió en una de las figuras más importantes de la televisión estadounidense. Su programa, siempre con un enfoque positivo y esperanzador, le permitió tratar temas profundos como la superación personal, la salud mental, el autoconocimiento y la espiritualidad, convirtiéndola en una verdadera mentora para sus seguidores.

¿Ves a lo que me refiero cuando hablo de pensar en grande? Oprah soñaba con ser más que una exitosa conductora de televisión. Su visión de los medios iba más allá. Por eso, en 1996, fundó su propia compañía de producción —decisión que le permitió producir su propio show y numerosas películas y documentales—. Hoy, es dueña de su propia cadena televisiva.

En el año 2000, Oprah lanzó su club de lectura —que tuvo un impacto monumental en la industria editorial—. Los libros recomendados por ella se convertían en *bestsellers* casi de inmediato. Además de su faceta como presentadora y productora, Oprah actuó en diversas películas e incluso llegó a recibir una nominación al Oscar por la extraordinaria interpretación de uno de sus personajes.

Oprah Winfrey no solo ha alcanzado el éxito profesional, sino que ha utilizado su plataforma para hacer una diferencia significativa en el mundo. Está comprometida con diferentes proyectos filantrópicos y ha donado cientos de millones de dólares a organizaciones y causas relacionadas con la educación, el empoderamiento de las mujeres, la salud mental y los derechos humanos.

Sin duda, su historia es una gran fuente de inspiración y una prueba más de lo que es posible alcanzar cuando nos atrevemos a soñar grandes sueños.

Ahora, mi pregunta para ti es muy sencilla: ¿Ya llovió en tu vida eso que tanto deseas? Si la respuesta es "sí", fantástico. Te invito entonces a que busques nuevos sueños que perseguir y nuevas metas que alcanzar.

Si la respuesta es "aún no", si todavía no ha llovido aquello que quieres, que buscas y anhelas, pues mi llamado es... Ni se te ocurra parar de bailar. Tienes que seguir bailando sin desfallecer ni darte por vencido. Levántate cada mañana y comienza el día con la misma decisión de la tribu de nuestra historia: ¡No vas a parar de bailar hasta que llueva!

Seis

Deja de obsesionarte con la posibilidad de fracasar

Sin duda, una de las lecciones más significativas que nos enseña la actitud de los Powhatan —su terquedad en no darse por vencidos— es no pensar en el fracaso como un resultado final y definitivo, sino interpretarlo como una oportunidad de aprender y crecer. De manera que tiene sentido cambiar nuestra perspectiva de lo que significa fracasar, más aún si tenemos en cuenta que, como muestran las estadísticas, vamos a fracasar muchas más veces de las que vamos a triunfar.

Se calcula, por ejemplo, que Lionel Messi ha realizado más de 3.000 intentos de gol en partidos oficiales, de los cuales, en 800 marcó gol. Esto quiere decir que más del 73% de las veces que intentó anotar, falló.

No obstante, cuando le preguntan cómo maneja su preocupación por fallar tantos tiros al arco, Messi afirma que su enfoque no es pensar en lo que no sucedió, sino prepararse para aprovechar las nuevas oportunidades que vengan. Claro que siente la presión de errar, pero su mente está siempre orientada en la próxima jugada y en cómo esta contribuirá al éxito del equipo. Si falla en una oportunidad de gol, él se recupera con rapidez, sin dejar que los errores pasados afecten su desempeño.

En muchas entrevistas, Messi señala que el error forma parte del proceso de crecimiento, que el éxito en el fútbol es un esfuerzo colectivo y que el equipo trabaja junto para superar los desafíos, incluidas las fallas individuales.

Sin embargo, las estadísticas sobre su efectividad o la manera en que Messi responde al fracaso aplican tanto a él como a toda persona. Todos sabemos de los miles de intentos fallidos que Edison experimentó antes de inventar la bombilla eléctrica. Aun así, su actitud fue siempre la de enfocarse en su siguiente triunfo.

De hecho, se cuenta que un día, un periodista le preguntó acerca de todos esos fracasos, sugiriendo que tal vez ya era hora de renunciar a su objetivo, puesto que era obvio que no estaba logrando resultados positivos. Con su carácter optimista y determinado, Edison le respondió: "No he fracasado. Solo he descubierto 10 mil maneras que no funcionan". ¿Ves la diferencia? En lugar de ver los fracasos como un resultado negativo, Edison los veía como lecciones valiosas que lo acercaban más a la solución correcta. En esto consiste tener una perspectiva positiva sobre el fracaso; es el ejemplo perfecto sobre lo que significa no parar de bailar hasta que llueva.

Estos son solo dos de los miles de casos de personas persistentes que comenzaron enfocadas en el éxito, a sabiendas de que existía la posibilidad de fracasar. Cada vez que ellos enfrentaron un fracaso, lo vieron como parte del proceso de crecimiento y se enfocaron en aprender de sus caídas. Entendieron que fracaso no es sinónimo de fracasado y que una caída no es razón suficiente para renunciar.

No obstante, la persona promedio vive obsesionada con la posibilidad de fracasar. De hecho, el temor al fracaso es la razón más común por la cual muchas personas ni siquiera se atreven a dar el primer paso, pues se rigen por la idea de que, si existe la posibilidad de fracasar, es mejor no intentarlo.

Así, permiten que el miedo a tomar riesgos —a hablar en público, a mostrarse como son y colocarse en una situación vulnerable, el terror a comprometerse con una meta y no alcanzarla, a recibir burlas, críticas y cientos de otras preocupaciones— las detengan de salir tras sus sueños y metas más anheladas.

Aprende a bailar con tus temores

Recuerdo el terror que experimenté las primeras veces que subí a un escenario a dar una conferencia. Cuando menciono esto, muchos me preguntan cuál fue mi secreto para eliminar el pánico que me producía hablar en público. Algunos asumen que primero debí superarlo y entonces sí pude pararme frente a una audiencia a hacer lo que ahora hago. Tiene sentido creer que, si alguna ansiedad te está deteniendo de hacer lo que amas, una vez te liberes de ella, estarás en posición de realizar todo lo que te propongas.

El problema es que, en la práctica, la única manera de eliminar el temor a hablar en público es haciendo eso que temes. La cuestión es que, si temes hacerlo, entonces ¿cómo empiezas? Aquí viene el verdadero secreto: comienza a hablar en público a pesar del pavor que estés sintiendo. Hazlo, así sientas que te estás muriendo, pero hazlo. Esa es la única manera.

Entiendo que es posible que creas que, quienes han salido adelante en sus campos de acción es porque no tenían las inseguridades que a lo mejor tú sí tienes. Nada está más lejos de esa idea. Ellos solo resolvieron empezar, pese a los temores que estaban experimentando. Es así de simple. No hay fórmulas mágicas.

En términos generales, si realizar lo que tu sueño demanda te produce pánico, solo tienes tres opciones:

La primera, es aceptar que tu inseguridad es más grande que tu sueño y renunciar a tu propósito. Es una opción tan simple que la mayoría de la gente opta por este camino. Pero, espera. Antes de hacer esto, analiza que, así te hayas liberado de tu temor, lo habrás hecho a costa de aquello que quieres lograr —un precio demasiado alto, diría yo—. Porque, si haces esto con todo lo que te causa ansiedad, llegará el momento en que terminarás renunciando a muchas de las metas que le dan significado a tu vida. ¿Estás dispuesto a proceder así? Yo, no.

Entonces, si renunciar a tus sueños te parece un precio demasiado alto, hay una segunda alternativa y es evitar toda situación que te produzca incomodidad. Es posible ver esta elección como una manera de lidiar con tus temores sin tener que renunciar a tus objetivos, pero en realidad no es más que aceptar tus debilidades sin tener que trabajar en superarlas. Es convencerte a ti mismo de que ahora tienes claro para qué sirves y para qué no, aceptarlo y admitir que no llegarás tan lejos como quisieras. Tampoco te recomiendo este camino.

La tercera opción que tienes es por la cual la mayoría de los emprendedores exitosos ha optado, que es aprender a bailar con tus miedos, a tomar acción.

Para continuar con nuestro ejemplo de hablar en público, eso quiere decir comenzar a hacerlo a pesar de la tensión que te genere. A través de todos los años que llevo dictando conferencias y realizando talleres de crecimiento personal y profesional, he visto a muchas personas cuyo miedo a hablar en público es evidente: se les quiebra la voz, se mueven con nerviosismo, tienen dificultad para mantener el contacto visual con su audiencia. Pero, aun así, lo hacen, porque su propósito es más grande que su temor. Este es el único camino que te permitirá superar tus temores y llegar tan lejos como te lo hayas propuesto.

Si examinas estas tres opciones con detenimiento, te darás cuenta de que son las mismas que tú tienes cuando sales tras cualquier objetivo que exija más de lo que crees poder dar: renuncias a tus sueños, te contentas con hacer lo mejor que puedas dentro de los límites que te has impuesto o aprendes a bailar con tus temores.

Cuando eliges esta **tercera alternativa** y decides bailar con tus miedos, actuar a pesar del pánico que sientas, ¿sabes qué sucede? Que poco a poco, empiezas a tomar control sobre tus dudas e inseguridades. Al principio, te sientes incómodo, pero te estás moviendo, que es lo importante. Con el tiempo, comienzas a tomar el control del baile y a sentirte más seguro. La práctica te brinda mayor confianza en tus habilidades, tu temor empieza a disiparse y tus metas comienzan a hacerse realidad. No es que el universo te haya premiado ni que haya conspirado para que triunfes. Lo que ha ocurrido es que tu compromiso con tu sueño te ha ayudado a desarrollar tu capacidad para realizar aquello que antes temías.

Sin duda, muchos de los grandes triunfadores tienen algunas de las mismas dudas e inseguridades que la persona común y corriente. La diferencia es que ellos deciden actuar a pesar de cómo se sienten y, en virtud de dicha decisión, descubren capacidades que ni ellos mismos sabían que tenían.

¿Cómo enfrentas tus miedos para impedir que estos te paralicen?

Durante una conferencia en la que utilicé esta metáfora de "aprender a bailar con tus temores", compartí con los asistentes las siguientes cinco estrategias para poner en práctica este concepto de manera efectiva y sencilla:

1. Acepta que el miedo es parte de la experiencia humana. Ese temor que sientes es natural. Es más, es posible que nunca desaparezca por completo. Todos, sin excepción, lo experimentamos en algún momento. La clave está en aceptarlo como parte de tu crecimiento, pero sin verlo como un obstáculo insuperable. Piensa que incluso las personas más exitosas lo han experimentado, así que el verdadero reto es aprender a convivir con él, sin permitir que te paralice. En lugar de verlo como una barrera, conviértelo en una motivación para actuar. Así, lo que antes te frenaba se convierte en una oportunidad de crecimiento.

2. Identifica el temor específico que te aqueja. Una vez tienes claro que es natural sentir miedo, el siguiente paso

es reconocer y comprender el tuyo en particular. A veces, cuando hablo de superar los temores, muchos creen que me refiero a ignorarlos o a pretender que no existen, pero no es así. ¿Hay algo que te frena? Pregúntate qué es en concreto lo que te angustia. Algunas incomodidades nos paralizan porque, erróneamente, las interpretamos como señales de peligro advirtiéndonos que es mejor no seguir adelante. Pero, una vez que identificas lo que te está afectando, es más fácil reflexionar sobre si eso tiene sentido o si está basado en suposiciones o creencias equívocas.

3. Comienza a superar tus miedos exponiéndote gradualmente a ellos. Una de las formas más efectivas de fortalecerte frente a tus debilidades es exponiéndote poco a poco a eso que temes. Al enfrentarlas de forma progresiva, te das cuenta de que no son tan temibles como parecían y que eres capaz de manejarlas. En otras palabras, comienza a ejecutar pequeñas acciones relacionadas con aquello que te intimida y, en la medida en que vas desarrollando mayor confianza, vas expandiendo tus límites, comprendiendo que es posible mejorar y crecer con cada experiencia.

4. Aprende a visualizar tus éxitos en lugar de pensar tanto en tus fracasos. A veces, estamos tan obsesionados con la posibilidad de fracasar que pasamos la mayor parte del tiempo imaginando escenarios catastróficos, proyectando en el telón de nuestro subconsciente una película en la que todo nos sale mal. Pero si siempre piensas en lo peor que podría pasar, tu mente se prepara para lo peor y, al final, termina manifestando lo peor. En cambio, si piensas en el éxito y visualizas los beneficios que vendrán con el logro de tus metas, estarás entrenando tu cerebro a enfocarse en resultados positivos.

5. Convierte los fracasos en lecciones transitorias y evita que se vuelvan sentencias definitivas. La preocupación de fracasar se alimenta de la idea de que cualquier caída es una derrota para siempre. Sin embargo, la mayoría de los fracasos que enfrentes son situaciones temporales, producto de circunstancias o decisiones específicas que estás en posibilidad de cambiar. Así que evita que cada error que cometas se convierta en la narrativa permanente de tu vida. Interprétalo como un indicio de que estás desafiando tus propios límites y tomando riesgos, lo cual es muy positivo. La clave está en entender que, lejos de ser el final, se trata de una oportunidad para aprender y mejorar.

Siete

Da el primer paso, aunque te sientas inseguro

Entre los jóvenes Powhatan, el tránsito de la niñez a la adultez es un ritual que involucra una serie de pruebas para las cuales, debido a su corta edad, ellos no están del todo preparados: la cacería de su primer búfalo, el gran ayuno, una prueba de coraje en la que deben pelear con un enemigo, la construcción de templos, la recolección de alimentos y otros retos que les ayudarán a hacer la transición a una nueva etapa de su vida.

No obstante, verificar si los niños están listos para enfrentar todos estos desafíos parece no preocupar demasiado a los ancianos de la tribu. Ellos saben que, ya sea en la batalla, la caza o en cualquier otra actividad de la vida diaria, en muchas ocasiones, es necesario dar el primer paso así uno no esté listo.

¿Te gustaría aprender a bailar? No me refiero al baile metafórico de nuestra historia, sino a bailar de verdad. Si es así, quiero decirte que, por más videos que veas, manuales de baile que consultes o consejos que recibas, la única manera de aprender a bailar es bailando. Porque aprender a bailar va más allá de memorizar ciertos pasos; implica desarrollar una conexión entre el cuerpo, la mente y la música. Solo bailando comienzas a coordinar tus movimientos con la música de manera más natural, aprendes a reconocer los cambios de ritmo y a expresar tus emociones a través del baile.

Es la práctica la que hace que, con el tiempo, los pasos y movimientos que antes te parecían complicados se vuelvan automáticos y seas más creativo. Aunque el logro más significativo es que ganas mayor confianza y te sientes más seguro improvisando, la práctica te ayuda a superar el miedo al ridículo, ya que te vuelves menos consciente de los errores y más enfocado en disfrutar el momento.

La mejor manera de aprender es a través de la experiencia directa —bailando—, que requiere de tu parte que estés dispuesto a hacerlo mucho antes de sentirte cómodo con ello. Si quieres disfrutar de todo lo que el baile tiene para ofrecerte, debes atreverte a comenzar, aunque no te sientas completamente preparado. Y esto aplica a cualquier habilidad o destreza que quieras desarrollar.

A veces, la vida te empuja a la piscina, ya sea que sepas nadar o no

Las historias de éxito suelen tener protagonistas muy diferentes entre sí, pero todos comparten una característica fundamental: entendieron la importancia de empezar, de dar el primer paso estuvieran listos o no.

En ocasiones, la vida te pone en medio de situaciones que no estabas buscando, sin consultarte si estás preparado para afrontarlas, sin tomar en cuenta si es algo que te interese hacer ni si crees que es el momento adecuado según tus planes. Te empuja a la piscina así no sepas nadar.

Un claro ejemplo de esto es Malala Yousafzai, quien se ha convertido en un referente global en la lucha por la educación y el empoderamiento de las mujeres en contextos donde tales oportunidades son escasas e incluso prohibidas.

Malala nació en una región de Pakistán marcada por la inestabilidad política y el control de grupos extremistas. En este tipo de sociedades, las niñas a menudo son tratadas como propiedad de los hombres; crecen sin voz ni poder de decisión sobre su vida, su futuro, su educación o su bienestar personal. Esta falta de autonomía hace que muchas sean forzadas a contraer matrimonio a una edad temprana en matrimonios arreglados por sus familias.

Bajo el control talibán, la vida de las mujeres está llena de restricciones severas, violencia y una total ausencia de oportunidades. Les está prohibido salir de sus casas sin la compañía de un hombre de la familia y cualquier comportamiento considerado inapropiado conlleva castigos públicos severos, como latigazos, apedreamientos e incluso ejecuciones. Reírse en público, hablar con hombres que no pertenezcan a la familia o ser vistas fuera de casa sin un acompañante masculino son motivos suficientes para que se les castigue sin compasión. Como es de suponer, este clima de miedo y represión genera un ambiente aterrador para las niñas.

Si intentan asistir a la escuela, arriesgan su vida y sus familias son amenazadas. La única opción es recibir educación en secreto, en espacios ocultos.

Pese a todo esto, Malala nunca puso en tela de juicio su derecho a aprender, así que, cuando apenas tenía 11 años, y la situación en su ciudad se volvió aún más peligrosa, debido al aumento del control de los talibanes que destruyeron las escuelas y prohibieron que las pequeñas recibieran todo tipo de educación escolar, ella decidió convertirse en una defensora de su derecho a educarse. En su país, y sobre todo en su región, tal decisión era considerada un desafío y una amenaza para las autoridades.

Por supuesto que ella habría podido resignarse a aceptar esa injusticia y adoptar el papel relegado que se les daba a las mujeres, pero en lugar de eso, decidió cambiar las circunstancias, tanto para ella como para todas las menores de edad de su país. Fue entonces cuando decidió comenzar a escribir un blog en el que relataba cómo las chiquillas de su comunidad eran privadas del derecho a la educación y cómo las familias, temerosas de represalias, estaban obligadas a ceder ante esta imposición. Era claro que, a pesar de su edad, Malala no temía expresar su opinión.

Su valentía llamó la atención internacional, así como la de las autoridades locales, que no soportaron más la osadía de la joven. Un día, mientras se dirigía a su escuela, un grupo armado subió al autobús escolar en que ella viajaba y le disparó en la cabeza con la intención de matarla y silenciar para siempre su activismo. Malala sobrevivió, pero quedó herida de gravedad y su recuperación fue lenta y difícil. Sin embargo, lejos de silenciarla, el atentado la convirtió en un símbolo global de la resistencia contra la opresión y la injusticia.

Por su parte, ella decidió expandir su causa y luchar por los derechos de las niñas a una educación libre y accesible, tanto en Pakistán como en todo el mundo.

En 2014, a los 17 años, Malala recibió el Premio Nobel de Paz, por su lucha en favor del derecho de la mujer a la educación y en defensa de la igualdad de género, convirtiéndose en la persona más joven en recibir este prestigioso reconocimiento.

Hoy, Malala continúa con su activismo y ha decidido que su vida misma sea ejemplo para otros. Ha escrito varios libros, es graduada de la Universidad de Oxford con un título en Filosofía, Política y Economía y, en 2021, en colaboración con Apple TV, fundó *Extracurricular*, una productora de cine y televisión.

En sus entrevistas, ha dejado claro que ella no descansará hasta que todas las niñas del mundo tengan el derecho a acceder a la educación, ya que esta, además de ser una herramienta de empoderamiento individual, también es una manera de erradicar la pobreza, la desigualdad y la violencia en el mundo.

La historia de Malala demuestra que una sola persona, sin importar su edad o circunstancias, tiene la capacidad de generar un impacto positivo en el mundo entero.

La lección es clara: si las circunstancias no son las que deseas, es tu decisión aceptarlas como están y permitir que ellas gobiernen tu vida o cambiarlas y generar nuevas circunstancias que sean producto de tu misión personal y propósito de vida.

Ventajas de dar el primer paso aun sin sentirte preparado

La elección que nos plantea la vida de Malala es muy sencilla. Cuando estés decidiendo tras qué metas salir, tienes dos opciones: perseguir aquellas que sabes que vas a alcanzar de acuerdo con tus circunstancias presentes o ir tras las metas que en realidad deseas alcanzar, así no te sientas totalmente preparado.

Lo más probable es que muchas de las metas y de los objetivos que deseas alcanzar, y que te exigen salir de tu zona de confort y hacer cosas nuevas, demandarán de ti ese mismo arrojo, ese valor de lanzarte al ruedo, con todo y los miedos, las dudas e inseguridades que estés sintiendo. Yo sé que a veces creemos que lo más sensato es esperar hasta estar seguros de que estamos listos, pero quiero que evalúes los siguientes cinco puntos de vista que te mostrarán las ventajas de dar el primer paso, así no te sientas del todo preparado:

1. Supongo que es lógico pensar que todo lo que hagas, en particular, si se trata de una nueva idea, requerirá de inspiración, de ese impulso o esa chispa interna que encienda tu creatividad y te dé el empuje necesario para empezar la tarea con entusiasmo.

   De hecho, con frecuencia, algunos de mis lectores me preguntan cómo logro encontrar la inspiración, la fuerza creativa que me conecte con mi pasión y mi propósito de vida, de tal modo que comiencen a fluir las palabras exactas y las ideas que quiero plasmar en mis libros. Mi explicación es simple: siempre he evitado caer en la trampa de creer que necesito estar inspirado antes de empezar a escribir.

Cuando estoy trabajando en un libro, comienzo a escribir temprano en la mañana, con o sin inspiración, siguiendo el sabio consejo de Pablo Picasso, que siempre me recuerda que lo más prudente es que, "cuando llegue la inspiración, lo ideal es que me encuentre trabajando". A eso es a lo que me refiero cuando hablo de empezar, aunque no te sientas 100% listo.

Recuerdo cierta vez en que visité las playas de Nazaré, en Portugal, famosas por sus gigantescas olas —que la han convertido en una de las mejores playas para surfear en Europa—. Pasé un par de horas observando desde un faro a unos surfistas que se habían adentrado en el mar unos 150 metros, a esperar la ola ideal.

Las olas suelen romper en series, así que, con la tabla enfilada hacia la playa, ellos esperaban con paciencia la ola perfecta. De repente, cuando la veían venir a unos 20 metros de distancia, comenzaban a bracear, a remar con fuerza.

Quien no sabe mucho de surfear, tiende a pensar que lo más prudente es esperar hasta sentirla debajo de la tabla para comenzar a bracear, pero lo cierto es que, si haces esto, cuando des la primera braceada, la ola ya habrá pasado y te habrá dejado atrás. Por esa razón, es crucial comenzar a bracear cuando la ola todavía está a unos 20 metros detrás para que, cuando al fin te alcance y la sientas debajo, ya vayas con suficiente impulso y velocidad para pararte en la tabla —o hacer el *take-off*, como se dice en el deporte del surfeo.

De manera que el objetivo de empezar incluso antes de sentir que estás listo no es porque ese primer paso que des, ese esfuerzo inicial, te permitirá lograr tu meta, sino porque, al darlo, rompes la inercia en que estabas y te pones en movimiento, y eso, ya es más de la mitad del trabajo.

2. La segunda razón por la que es esencial dar ese paso inicial, aunque no te sientas completamente preparado, es que salir adelante y triunfar en la vida requieren de valor y decisión. Actuar solo cuando piensas que ya estás listo no demanda mucho coraje de tu parte, pues ya te sientes en condiciones de empezar. Sin embargo, se necesita valentía para dar ese primer paso cuando no estás del todo seguro. Esa valentía es la que te permite fortalecer la confianza en tus propias capacidades.

Piénsalo. Si le preguntas a un paracaidista qué le da la confianza cuando salta de un avión, con seguridad te dirá que sentir el paracaídas en su espalda es definitivo. De hecho, hasta un cobarde puede saltar de un avión, mientras tenga la protección que le da el paracaídas. Pero ¿saltarías sin paracaídas? Sería absurdo hacer algo así, ¿no es cierto?

No obstante, yo he visto bomberos que entran a una casa que se está incendiando para salvar la vida de otros, sin estar seguros de que la casa no se derrumbará cuando ellos estén adentro. Esa es una decisión que requiere de valor, pero también de un compromiso con un propósito de vida que acepta y afronta un riesgo de tal magnitud.

Mi amigo Rafael Ayala decía alguna vez, utilizando el ejemplo de los trapecistas en el circo, que ellos saltan con total tranquilidad porque saben que abajo hay una red que los protegerá en caso de caer al vacío. Sin embargo, muchas veces el éxito requerirá de tu parte que saltes sin ver la red y esta solo aparecerá una vez te lances.

¿Lo harías? Te lo pregunto, porque algo similar ocurrirá con muchos de tus sueños. Debes atreverte a salir tras ellos, así no sientas que estás listo, porque ese paso inicial es la prueba de si en realidad crees en ti mismo y de qué tanto deseas ver esos sueños hechos realidad.

3. Cuando tú das el primer paso, pones en movimiento una ley universal del éxito: la única manera de aprender a hacer algo es haciéndolo. El escritor aprende a escribir escribiendo; el pintor aprende a pintar pintando; el emprendedor aprende a emprender emprendiendo. No hay otra manera de aprender y mejorar.

Muchas veces, creemos que primero aprendemos, luego practicamos y entonces sí hacemos. Sin embargo, si solo aprendemos haciendo, pues necesitamos atrevernos a empezar aun cuando no sepamos cómo. Es probable que al principio sea difícil, pero es ahí cuando debemos tener claro que todo lo que hoy parece fácil para algunas personas, muy seguramente, fue difícil en un comienzo. Lo único que vuelve fácil lo difícil es la acción, la práctica, el hacer.

Cuando comencé a dar mis primeras conferencias, sentía que me iba a morir del miedo. Hablar en público no era una de mis fortalezas. No solo me aterraba, sino que, cuando veía a otros colegas en el escenario, hablando con tal propiedad y naturalidad, estaba seguro de que ellos habían nacido con un don especial que yo no poseía.

Sentía tanta duda e inseguridad sobre lo que había elegido hacer, que me di a la tarea de investigar si algunos de mis colegas habían tenido que lidiar con esta misma situación. Fue entonces cuando descubrí que Norman Vincent Peale, uno de los conferencistas que me inspiró a seguir esta profesión, debió afrontar este mismo obstáculo. Él superó el pánico escénico atreviéndose a hablar en público, inclusive cuando sentía que le faltaba mucho por aprender. Con el tiempo, fue ganando confianza hasta convertirse en uno de los oradores más elocuentes e inspiradores de su generación.

Lo que esto significa es que, si te empujas a dar el primer paso, así no te sientas listo, llegará el momento en que lograrás la excelencia. No lo olvides, tú no creces haciendo más de lo mismo que ya sabes hacer. Creces cuando te retas a salir de tu zona de confort y haces aquello que te incomoda, que te aterra, que te reta; aquello para lo que no estás seguro de estar preparado.

4. Cuando te atreves a dar el primer paso antes de sentirte completamente listo, desarrollas una ventaja competitiva que te coloca por delante en el mercado. Si esperas demasiado, aguardando el momento perfecto, un día mirarás a tu alrededor y descubrirás que ahora hay cientos de emprendedores persiguiendo la misma oportunidad, y la ventaja que habías ganado se habrá esfumado.

Bill Gates contó que gran parte de su éxito se lo debió a haber dado el primer paso cuando aún no estaba seguro de cuál sería el siguiente. Cuando él empezó Microsoft, lo hizo en medio de muchas dudas e inseguridades. No sabía cómo se desarrollaría el mercado, debió tomar decisiones arriesgadas, se lanzó al ruedo y luego se dio a la tarea de aprender cómo responder a los compromisos que había adquirido.

Después de ese recorrido, lo único que el resto del mercado pudo hacer fue tratar de alcanzarlo. De modo que, mientras sus competidores estaban preocupados, tratando de llegar a donde él ya estaba, Bill estaba mirando cómo alcanzar nuevos niveles de creación y resultados. Sin duda, la historia de Microsoft es prueba indiscutible de lo que sucede cuando te atreves a empezar así no sientas que estás listo.

5. Una de las razones más importantes para dar el primer paso, aunque sientas que aún te falta mucho por aprender, es que, si lo piensas, en realidad jamás vas a estar 100% preparado. El estudiante del éxito sabe que su formación es un proceso que nunca termina; que siempre hay algo nuevo que asimilar, un nivel superior al cual aspirar. En otras palabras, jamás pararás de aprender y crecer.

Entonces, no pierdas el tiempo esperando a estar preparado por completo antes de dar el primer paso, si lo cierto es que, cada paso en tu camino al éxito va a requerir que aprendas algo nuevo. Además, en ocasiones, empiezas no muy seguro de lo que debes hacer y pronto descubres que estabas más preparado de lo que creías.

Ocho

Tú nomás baila y olvídate de lo que piensen los demás

Un dicho Mattaponi —otra tribu del pueblo Powhatan— afirma que el guerrero que está demasiado preocupado con lo que su rival piense de él está peleando contra dos adversarios: su enemigo y su propia opinión. Cuánta sabiduría. A veces, lo que los demás piensen y opinen pesa tanto que nos intimida y hasta nos hace flaquear o desistir.

Ten presente que, cuando te animes a compartir uno de tus sueños con quienes te rodean, más aún si parece inalcanzable, es muy probable que no todos compartan tu entusiasmo. Habrá quienes no estén de acuerdo con tus metas; no faltará quien dude de tus habilidades para lograrlas u opine que lo que estás a punto de hacer es una locura; muchos te criticarán, buscarán hacerte abandonar tus propósitos, se burlarán de ti y hasta te negarán su apoyo.

Si esto llegara a sucederte, tienes dos opciones: hacerles caso a ellos o prestarles atención a tus propias decisiones y expectativas. Pero cuidado, esta no es una elección para tomar a la ligera. De hecho, si las críticas o burlas de otros te desaniman, te hieren, te hacen sentir traicionado o, peor aún, logran hacerte renunciar a tus objetivos, es porque decidiste que esas opiniones eran más importantes que tu propia percepción de ti mismo. De ser así, quiero decirte que jamás deberías otorgarle a nadie tanto poder sobre ti.

Es crucial entender que las opiniones ajenas son solo eso: opiniones. ¡Nada más! No definen quién eres ni reflejan tu talento ni tus capacidades. Es más, es muy posible que dichas críticas en realidad estén evidenciando las propias inseguridades y limitaciones de la persona que las está formulando.

¡Es cierto! Yo he descubierto que, cuando alguien te dice que no lograrás lo que te has propuesto, es probable que esa persona sienta que ella misma no sería capaz de conseguirlo y asume que, si ella no está en condiciones de lograrlo, lo más probable es tú tampoco. De manera que su crítica tiene que ver más con ella misma que contigo.

De ahí, el peligro de prestarles demasiada atención a las opiniones ajenas. Después de todo, eres tú quien decides tu camino, no lo que otros piensen u opinen. Entonces, no los culpes a ellos ni te excuses tras la idea de que sus críticas te desmoralizaron o te robaron tus sueños, porque la decisión de avanzar o quedarte estancado es solo tuya.

Olvídate de los comentarios negativos y los juicios mordaces que recibas de otras personas. Decide que ninguna crítica, opinión o agresión verbal tiene el poder de frenarte a menos que tú lo permitas. De igual manera —y esto parece paradójico—, no les des demasiada importancia a los elogios ajenos ni te acostumbres a necesitar la aprobación ni el apoyo de nadie.

Genial contar con el respaldo de quienes tienes a tu alrededor, pero no lo consideres un requisito indispensable para avanzar con tus proyectos. Por supuesto que a todos nos gusta sentirnos apoyados. A mí me alegra cuando mis lectores me comentan cuánto disfrutan de mis libros; es gratificante recibir sus buenos deseos. No hay nada malo en querer sentir ese apoyo. El problema surge cuando pasas de disfrutar de la aprobación de los demás a depender de ella. Valorar el cariño y aprecio de otros está bien; lo que resulta perjudicial es creer que, sin su aprobación, no lograrás nada. Eso es lo verdaderamente peligroso.

Son muchas las historias de personas cuya búsqueda constante de validación desencadenó en ellas una lucha interna entre ese deseo de recibir la aprobación de otros y su propia aceptación.

La vida de Michael Jackson, el Rey del Pop, es un claro ejemplo de ello. A pesar de su obvia genialidad musical, su enorme éxito y popularidad, Michael tuvo una vida marcada por presiones intensas para cumplir con las expectativas de su familia y de la industria musical, lo que generó en él una búsqueda constante de validación y una lucha con su propia identidad que terminó afectando su autoestima, sus relaciones y su percepción del éxito.

Según sus biógrafos, para entender cómo se generó esa espiral autodestructiva que lo llevó a una muerte temprana hay que remontarse a su niñez. Michael Jackson creció en una familia que exigía el éxito profesional, así que la presión para cumplir con las expectativas de su padre y destacarse en el escenario era inmensa. Este entorno contribuyó a las primeras inseguridades de Michael, quien, pese a alcanzar niveles de éxito sin precedentes, siempre luchó con la presión constante de superar sus éxitos anteriores y de ser querido y aceptado por su público.

De hecho, las críticas y las comparaciones con otros artistas, su necesidad de ser aceptado por todos —seguidores, colegas y críticos— y su deseo de cumplir con las presiones y los estándares impuestos por su familia, la industria, los medios y la sociedad en general, detonaron en él la sensación de que nunca era lo bastante bueno y lo llevaron a extremos impensables como la impresionante transformación física de la que todos fuimos testigos a lo largo de su vida.

Lo peor de todo es que su éxito y su indiscutible talento no fueron suficientes para aliviar sus inseguridades ni su necesidad constante de validación. Sin duda, el estrés y la ansiedad de estar siempre buscando la aprobación de otros, de tratar de agradarle a todo el mundo afecta la vida de las personas de maneras dolorosas y hasta autodestructivas.

Pero esto no es algo que les suceda solo a las figuras públicas que deben vivir bajo el escrutinio constante del mundo entero. Muchas personas comunes y corrientes pasan su vida buscando la aprobación ajena antes de tomar cualquier decisión bien sea grande o pequeña. Se comportan como si requirieran del consentimiento del mundo entero antes de salir tras cualquiera de sus metas, como si su camino hacia el éxito dependiera de obtener suficientes votos a favor antes de empezar. Su falta de seguridad o su pobre autoestima las ha condicionado a que sus acciones requieran del consenso y permiso de otros. Necesitan de ese gesto de apoyo moral por parte de sus amigos, de esa palmadita en el hombro y de esos buenos deseos que validen su decisión. De modo que, si no lo obtienen, no se sienten seguras y capaces de empezar; hay quienes, si no reciben esa validación, optan por renunciar a sus propósitos.

Una de las lecciones más importantes del éxito es que tú eres el único que necesitas creer en tus sueños. A menos que tus metas involucren o afecten directamente a otros, nadie más debe estar de acuerdo con tus decisiones sobre lo que debes hacer o no hacer. La única opinión que cuenta es la tuya, todas las otras sobran.

Claro que, en ciertos casos, las opiniones de otros son de gran ayuda. En particular, si se trata del dictamen o juicio de un experto cuyo punto de vista aclarará alguna de tus dudas o del consejo de alguien que ya ha recorrido el camino que estás a punto de emprender. En esos casos, su opinión suele ser muy valiosa, pero hay un límite. En algún momento, debes actuar porque así lo has decidido y estás dispuesto a aceptar las consecuencias de tu decisión.

No me imagino qué habría sucedido si, antes de tomar la decisión de no parar de bailar hasta que lloviera, la tribu de nuestra historia hubiera consultado con las demás tribus y les hubiera pedido su opinión sobre su decisión.

Yo creo que la lección aquí es simple: enfócate en ti mismo y no en lo que los demás piensen de ti. Cuando utilizas tus talentos y luchas por tus objetivos, sin preocuparte de lo que otros opinen, aceptas ser el amo de tu destino y el capitán de tu alma, como diría William Henley. De otra manera, dejas de ser tú mismo, terminas siendo lo que ellos creen que eres y llevando la vida que ellos quieren para ti en lugar de la que tú deseas.

Cómo liberarte de las opiniones ajenas

Las opiniones y críticas de los demás terminan por afectarte más de lo que tú mismo estás dispuesto a admitir. Si no sabes cómo manejarlas, estas apagarán tu entusiasmo, minarán tu autoestima e incluso te llevarán a renunciar a tus sueños.

A continuación, te comparto cinco estrategias para que logres liberarte de las opiniones ajenas y no permitas que estas influyan negativamente en tus decisiones ni saboteen tu éxito.

- Evita el desgaste mental de querer agradarles a todos. Buscar la aprobación de los demás antes de perseguir tus metas suele ser estresante y contraproducente. Muchas personas tienen sueños que desean alcanzar, pero en lugar de actuar sin preocuparse por lo que otros piensen, caen en la trampa de preguntarles a familiares, amigos, conocidos e incluso a desconocidos qué piensan ellos de su decisión: "¿Crees que esta es una buena meta?", "¿Qué piensas, será que yo puedo?", "¿Te parece que yo tengo las capacidades para lograr esto?". No, no hagas que tu camino al éxito dependa de obtener el consentimiento de los demás.

- No tomes decisiones basadas en lo que otros esperan o quieren para ti. ¿Cómo pretendes lograr metas que otros te han impuesto? Escúchate a ti mismo y busca las respuestas dentro de ti. No digo que no investigues o te informes antes de emprender un objetivo, pero al final, la única opinión que importa es la tuya.

- Tú no eres tu perfil de Facebook ni de Instagram. Cuando te esfuerzas por ser quien las redes sociales dicen que eres, dejas de ser tú mismo y te conviertes en quien tus contactos y seguidores esperan que seas. A la larga, la mayoría de las personas se da cuenta de que vivir de acuerdo con el perfil que han compartido en sus redes es agotador y desgastante. Tú ya no eres tú, sino lo que tus amigos y seguidores esperan que seas. Y lo peor es que, al final, te das cuenta de que has malgastado tu tiempo y energía intentando controlar lo incontrolable: el "qué dirán".

- Lo que los demás piensan de ti no son profecías. Rara vez, las opiniones ajenas reflejan tu realidad. Imagina que sueñas con escribir un libro, pero estás seguro de que tu mejor amigo te diría que no tienes el talento para ser un escritor exitoso. ¿Vas a abandonar tu sueño solo porque crees que tu amigo no lo apoyaría? Si quieres escribir, escribe. No dejes que las opiniones ajenas te detengan. El nombre que aparecerá en la portada de tu libro será el tuyo, no el de nadie más.

- Acepta que jamás le vas a caer bien a todo el mundo. Tus decisiones, metas y acciones nunca van a complacer a todos, y eso está bien, porque la única persona que debe sentirse motivada y entusiasmada con tus objetivos eres tú, nadie más. Ten en cuenta que, hagas lo que hagas, siempre habrá alguien que te critique por atreverte a salir de tu zona de confort. Así que, persigue tus sueños, gústele a quien le guste.

Entonces, ¿tienes un sueño, una meta que deseas alcanzar con todo tu ser y estás dispuesto a luchar por ella? ¡Hazlo! No les prestes atención a las críticas externas. Es tu sueño, no el de los demás. ¿Muchos creen en ti? Genial. ¿Nadie cree en ti? Genial también. Recuerda que, cuando logres tus sueños, habrá quienes te critiquen, así que baila hasta que llueva sin importar lo que digan o piensen los demás.

Tercera parte

Tomar acción: Que comience el baile

*El río, al igual que la vida,
nunca se detiene.
Conoce su origen,
pero siempre busca el mar.*

*Sigue su curso, sin importar
que las rocas intenten desviarlo,
el sol amenace con secarlo
o cuán turbias estén sus aguas.*

*No compite con los valles ni las montañas,
porque sabe que su destino
está en el mar.*

—Sabiduría Pamunkey

Nueve

Para que cualquier cosa suceda, primero hay que hacer algo

La acción rápida y decidida es un valor importante en muchas culturas indígenas, incluidos los Powhatan. No es para menos. En ocasiones, actuar con prontitud es la diferencia entre la vida y la muerte. Como es de esperarse, ante todas aquellas situaciones que ocurren de improviso —inundaciones, sequías, enfermedades o la muerte de un miembro de la tribu—, la comunidad se organiza de prisa para asistir a los afectados.

Esa actitud de actuar con rapidez refleja una conexión constante con la naturaleza y la sabiduría ancestral. Hay cosas que no dan espera hasta que nos sintamos motivados para atenderlas: la época de sembrar es inaplazable, el frío del invierno se atiende es cuando este llega, la cosecha no espera hasta que estemos animados y dispuestos para recoger lo que hemos sembrado. Por esta razón, los Powhatan se aseguran de enseñarles a las nuevas generaciones la importancia de actuar con prontitud, sin dilatar lo que ellas saben que debe hacerse de inmediato.

En Latinoamérica, la expresión "que comience el baile" tiene un trasfondo que va más allá de su uso literal. Aunque su origen está relacionado con eventos sociales y es obvio que indica que es el momento de salir a bailar, la frase se ha convertido en una metáfora para señalar que ha llegado la hora de entrar en acción. En otras palabras, el tiempo de evaluar y decidir qué hacer ya pasó. Ahora, es el momento de actuar y estar preparados para enfrentar lo que venga.

Siempre he creído que lo que les falta a muchas personas que no logran sus metas no es talento ni oportunidades ni ganas de triunfar. Lo que les falta es decisión. Empezar. Ellas planean, revisan sus planes una y otra vez, los cambian, desarrollan planes alternos, pero nunca empiezan.

¿Por qué esta tendencia a posponer? Es sencillo: porque muchas actividades que ellas deben realizar para lograr sus objetivos les exigen que salgan de su zona de comodidad y enfrenten sus debilidades. Así las cosas, lo más cómodo es posponer o evitar todo aquello que requiera un mayor esfuerzo o presente algún riesgo, aun sabiendo que de ello depende su éxito.

Sé que la frase de Einstein, *"Para que cualquier cosa suceda, primero hay que hacer algo"*, ha sido citada innumerables veces. Sin embargo, me encanta recordarla, porque es una verdad que trasciende el tiempo, que no pierde valor con la repetición y, lo que es más importante, porque fortalece a quien la convierte en hábito. Piénsalo: nada ocurre a menos que actúes. Ningún problema se soluciona, ninguna realidad cambia ni ningún sueño se hace realidad sin una acción decidida.

Así que el llamado es simple: ¡Haz lo que sabes que debes hacer y hazlo ya!

En mi libro *Storytelling* comparto la siguiente historia que ilustra la importancia de tomar la iniciativa para empezar lo más pronto posible:

Cada mañana en África una gacela se despierta. Ella sabe que debe correr más rápido que el león más veloz o morirá bajo sus garras.

Cada mañana en África un león se despierta. Él sabe que debe correr más rápido que la gacela más lenta o morirá de hambre.

No importa si eres un león o una gacela… Cuando amanezca, ¡más vale que ya estés corriendo!

El mensaje es claro y contundente: ¡Muévete! ¡Haz lo que sea… y hazlo ya mismo! No mañana ni el mes entrante ni el año que viene. ¡Ya!

Algunas personas jamás dan ese paso inicial porque consideran que no es el momento indicado, creen no contar con los recursos necesarios, el miedo al fracaso las paraliza, les falta claridad en cuanto a las metas que persiguen o han caído víctimas de cualquiera de los miles de excusas disponibles para justificar su inactividad.

Sin duda, para muchos, sus explicaciones son legítimas y no niego que es posible que haya algo de cierto en algunas de ellas.

No obstante, como lo ilustra la historia del león y la gacela, no importa cuáles sean tus circunstancias ni tus temores ni tus dudas; no importa si eres león o gacela ni si crees que eres la presa o el cazador; no interesa si juzgas que no es el mejor momento para empezar… ¡Lo único que importa es que, cuando amanezca, más vale que estés corriendo!

Esa última sentencia —cuando amanezca, más vale que estés corriendo— te desarma, te despoja de todas tus excusas y te reta a actuar a pesar de los temores e inseguridades que sientas.

Durante mis talleres, he notado un patrón recurrente en algunos participantes y es que, a pesar de tener claras sus metas y haber analizado con cuidado cada aspecto de su plan de acción, cuando llega el momento de actuar, se frenan: "Creo que lo más prudente es que espere un par de días más", dicen sin ofrecer una razón válida que justifique la espera. "Me parece que me estoy apresurando demasiado, lo mejor es reflexionar un poco más antes de actuar". Así, quedan atrapados en la fase más crucial que es empezar.

Lo cierto es que, por cada gran sueño realizado, debido a la determinación y persistencia de un soñador, ha habido miles de sueños que nunca llegaron a materializarse por falta de acción.

¿Quieres hacer realidad ese sueño del que has venido hablando por años? Para que eso suceda tienes que hacer algo ya mismo. Así qué ¡muévete! ¿Qué esperas? Corre tras esa meta, corre tras ese sueño; en otras palabras, cuando amanezca mañana, más vale que estés corriendo.

El exceso de reflexión frena la acción

Más del 75% del salario que devenga un líder empresarial está relacionado con su habilidad para tomar decisiones y ejecutarlas. En otras palabras, la mayor parte de sus ingresos se deriva de su capacidad para actuar. No de reflexionar ni de planear ni de comunicar… ¡De actuar!

En su libro *Piense y hágase rico*, Napoleón Hill hace referencia a un estudio efectuado con más de 25.000 hombres y mujeres que fracasaron, el cual arrojó como resultado que la falta de decisión fue en gran parte el principal motivo que encabezó la lista de las causas más comunes de sus fracasos.

Yo encuentro que la razón por la cual muchas personas luchan todos los días con sus dietas para bajar de peso o sufren para mantener sus finanzas bajo control o viven en un estado de ansiedad constante sobre cómo lograr que sus empresas crezcan es porque ellas siempre están negociando consigo mismas las decisiones que toman y nunca las traducen en acciones concretas.

Cuando pienso en ello, me viene a la mente una escena que con frecuencia se repetía en las películas de guerra antiguas: cuando alguien debía enfrentar el pelotón de fusilamiento, el comandante daba la orden: *¡Preparen!... ¡Apunten!... ¡Fuego!*

Este parecería ser un buen procedimiento para lograr cualquier meta. Prepararse requiere determinar el objetivo que persigues. *Apuntar* significa enfocarte en dicho objetivo, eliminando las distracciones. En cuanto a *fuego*, implica salir tras el objetivo deseado hasta lograrlo.

Estos tres sencillos pasos deberían ser suficientes para entrar en acción, de no ser por el análisis excesivo que siempre termina bloqueando la acción. Muchas personas se quedan estancadas en la etapa de *preparación*. No terminan de decidir qué es lo que quieren ni hacia dónde desean moverse en la vida.

Otras salen de ahí solo para quedarse suspendidas *apuntando*, porque el temor de fracasar y el perfeccionismo hacen que muchos nunca terminen de mejorar, optimizar, revisar y cambiar su plan.

Solo unos pocos llegan al tercer paso: *fuego*.

El hecho de repensar todo conlleva a la inacción. Caes en la trampa de analizar las cosas más de la cuenta, terminas atrapado en la excesiva investigación o crees que, a menos que cuentes con dos o tres planes alternos para todos los problemas que quizá se presenten, lo más prudente es esperar.

Echa a rodar tus planes. No te inmovilices pensando en todo lo que habrá de salir mal. Acepta los riesgos intrínsecos a la búsqueda del éxito. Entender que todo gran sueño demanda acción inmediata es el tipo de mentalidad que distingue al ganador del perdedor. Muchas veces, las metas que en efecto valen la pena implican afrontar riesgos y estar dispuestos a aceptar las consecuencias.

Entre mayor sea el lapso que transcurra entre la toma de una decisión y el momento en que la implementes, mayores serán las posibilidades de que dicha decisión no pase de ser una declaración inocua de algo que nunca sucederá. Por eso, una vez que tomes una decisión, asegúrate de ejecutarla lo más rápido posible.

Si analizas en exceso tus planes, terminarás descubriendo debilidades que en ocasiones solo existen en tu mente. La espera genera inseguridad, miedos y dudas, y todas estas emociones negativas terminan por paralizarte, impidiéndote avanzar. Comienzas a recordar las caídas que sufriste en el pasado, lo cual te inmoviliza aún más. Como resultado, cuando te encuentras frente a un nuevo reto, dudas de ser capaz de sortearlo con éxito. Ruedas una y otra vez en tu mente la película de tus pasadas derrotas y pronto desistes.

Como ya te dije, empezar es más de la mitad del camino. Comienza entonces desde donde estás hoy, pues es imposible empezar desde donde quisieras estar; inicia el viaje con lo que tienes hoy, y más importante aún, empieza con quién eres hoy, no con quien quieres llegar a ser. Por si no te diste cuenta, la clave es empezar, entendiendo que un plan pobre que pongas en marcha ya mismo es mucho mejor que esperar por el plan perfecto que jamás tendrás.

Cuando hablo de este punto en particular, durante mis entrenamientos, suelo citar los casos de Jeff Bezos, fundador de Amazon y Reid Hoffman, fundador de LinkedIn, quienes son partidarios de la que ellos llaman filosofía de ejecución rápida.

Desde los inicios de Amazon, Jeff Bezos adoptó una mentalidad de acción rápida, haciendo la toma de decisiones sin esperar la perfección. Su filosofía clave es que es mejor actuar con el 70% de la información necesaria que esperar a tener el 100% de ella, porque la demora suele equivaler a perder oportunidades clave.

En su empresa hay dos tipos de decisiones: las reversibles, en las que prima la velocidad de ejecución y pueden probarse rápidamente, y las irreversibles, que requieren de más investigación. Él asegura que esta distinción le permite moverse mucho más rápido, sin quedar atrapado en el exceso de análisis.

Aun sabiendo que esta filosofía puede llevarlo a equivocarse con mayor frecuencia, él piensa que para innovar es mucho mejor fallar rápido y aprender. En otras palabras, para mejorar, el fracaso, además de aceptable, es necesario. Esta visión le ha permitido a Amazon adelantarse constantemente a la competencia.

Ahora bien, es claro que no siempre es fácil digerir la idea de actuar con rapidez, más aún cuando existe una gran posibilidad de fracasar. No obstante, esta manera de pensar, que muchos consideran precipitada y hasta irresponsable, es compartida por muchos otros emprendedores exitosos.

Reid Hoffman, fundador de LinkedIn, es otro gran defensor de la ejecución rápida. Su mentalidad se resume en una de sus frases más famosas: "Si no te avergüenza la primera versión de tu producto, lo lanzaste demasiado tarde".

Para Hoffman, esperar a que un producto o servicio sea perfecto antes de lanzarlo tiende a ser un error fatal, ya que el mercado cambia tan rápido que actuar con prontitud es vital. De hecho, él acuñó el término *blitzscaling*, que describe el proceso de crecimiento acelerado en el que se prioriza la velocidad sobre la eficiencia en las primeras etapas de un proyecto.

En lo personal, debo decir que, en el manejo de mis proyectos, mi objetivo es producir y lanzar rápidamente la versión 1.0 del producto o servicio en cuestión e ir ajustándolo y mejorándolo sobre la marcha en lugar de quedarme esperando tener la versión ideal.

Siempre he visto la ejecución rápida como una de las cualidades esenciales del emprendedor exitoso: una vez tomes una decisión, da el primer paso lo más rápido posible.

Imagínate sentado en tu automóvil en la mañana, antes de salir para el trabajo, esperando a que todos los semáforos estén en verde antes de echar a rodar tu auto. Sería absurdo; nunca saldrías. Tú sales y, si encuentras un semáforo en rojo, te detienes, esperas y luego continúas tu camino.

No olvides que el hecho de que una meta exista no garantiza su logro. El secreto para alcanzar tus metas es hacer todos los días algo que te acerque a ellas. No importa qué tan grandes o bien definidas sean, para que logres alcanzarlas debes dividirlas en acciones más pequeñas que puedas llevar a cabo ya mismo. Si cada día logras realizar por lo menos una actividad que te acerque a la realización de tu meta, te mantendrás en movimiento, motivado y entusiasmado con tu plan de acción.

Te recomiendo tener en cuenta la regla de las seis horas. Consiste en que, si dentro de las seis horas siguientes a que hayas tomado una decisión no das el primer paso hacia su implementación, la probabilidad de que dicha decisión llegue a producir los resultados deseados disminuye vertiginosamente. Así que, de ahora en adelante, recuerda que toda meta, todo sueño, todo objetivo que desees alcanzar debe ir acompañado de, por lo menos, una actividad significativa que ejecutarás en las siguientes seis horas. De esta manera, eliminarás la parálisis que te condena al fracaso.

Diez

Tres enemigos que impiden que llueva abundancia

No me imagino a los Powhatan, viendo su propia supervivencia en juego y pensando que, de continuar la sequía, en un par de meses entrarán en acción para solucionarla. Ellos saben que deben actuar de inmediato y actúan. No se sientan a esperar a ver si el clima cambia o si las condiciones mejoran. Toman acción y ya.

Para la mayoría de nosotros, el principal problema no es no saber qué hacer, sino tomar la decisión de hacerlo. Tenemos claro que debemos actuar, pero pensamos que el mejor día para hacerlo no es hoy, sino mañana. Creemos que aún no tenemos el plan ideal o que las condiciones para actuar no son las mejores.

Nos eternizamos evaluando nuestros planes, cambiándolos, optimizándolos, produciendo planes alternos… todo con la idea de que lo mejor es ser cautelosos y no apresurarnos. Y al final, todo sigue igual.

En este capítulo encontrarás tres de los peores enemigos de la acción. Tres trampas que, de caer en ellas, te condenarán a una vida en la que nada cambia, en la que siempre estás estancado y no avanzas a pesar de tus mejores intenciones.

El engaño del "mañana" que nunca llega

En su libro *El camino a la felicidad*, hablando de la manía de posponer las cosas, Orison Marden nos reta a preguntarnos qué nos hace pensar que triunfaremos y seremos felices mañana cuando no tuvimos el coraje para triunfar y ser felices hoy.

A decir verdad, muchas personas parecen haber caído víctimas del "nunca hagas hoy lo que puedas dejar para mañana". Deciden que hoy no es el mejor día para actuar y buscan convencerse a sí mismas de que lo más prudente es esperar. Posponen su éxito y su felicidad, asumiendo que el día óptimo está por venir.

La pregunta para ti es que, si hasta ahora no has hecho lo que necesitabas hacer, ¿por qué te engañas pensando que lo harás mañana cuando decidiste no hacerlo en el momento? ¿Cómo esperas tener tiempo de sobra más adelante para prestarles atención a tus relaciones, para trabajar en mejorar tu salud o desarrollar hábitos de éxito cuando crees que hoy te será imposible ocuparte de ello?

Llámalo pereza, dilación o procrastinación. El engaño del mañana consiste en postergar actividades prioritarias que debes atender, con la esperanza de que, si las aplazas lo suficiente, tarde o temprano, se solucionarán por si solas o alguien más las realizará por ti.

Terminas por convencerte de que el día de mañana presenta mejores perspectivas para resolver el asunto que tienes entre manos, cuando la verdadera razón, en la mayoría de los casos, es tu falta de resolución para lidiar con la situación ya mismo.

"Mañana" termina por convertirse en el fin de semana y el fin de semana en la semana entrante y la siguiente semana en el mes que viene… y así van pasando los días.

El hecho es que, con el tiempo, el hábito de posponer lo que debes hacer comienza a crear peores problemas, ya que proclamar que "ya lo haré cuando tenga tiempo", "mañana le hago la reparación al auto", "la próxima semana llamo al nuevo cliente", "el próximo mes voy al médico", son determinaciones que terminan por convertirse en inconvenientes más graves: el carro se quedó averiado a la vera del camino, perdiste un cliente por falta de atención oportuna o necesitarás un delicado tratamiento médico a consecuencia de un síntoma que no atendiste a tiempo.

En un comienzo, quien posterga no se preocupa demasiado porque cree que tarde o temprano atenderá lo que viene aplazando y justifica su propia inactividad, argumentando que está esperando el momento más adecuado. Pasado el tiempo, se enciende una luz de alerta en su mente y allí comienza la ansiedad. Luego, sigue la etapa de autoengaño: "Todavía estoy a tiempo", "Si ya esperé todo este tiempo, unos días más no van a hacer mayor diferencia", hasta que, finalmente, llega la crisis, la persona se desespera y responde lo mejor que pueda para solucionar el aprieto que ella misma creó.

Por supuesto que casi nunca aplazamos lo que nos gusta hacer. Lo que siempre terminamos posponiendo es todo aquello que nos genera cierto temor, que no es muy placentero o que sabemos que exigirá un mayor esfuerzo de nuestra parte.

Como verás, posponer es la peor decisión, ya que lo único que en realidad conseguirás es prolongar el estrés y la ansiedad de saber que, tarde o temprano, tendrás que afrontar y realizar esas actividades que te molestan o se te dificultan.

Por eso, una mejor opción es hacer primero lo que no te gusta o te genera ansiedad, de manera que liberes tu mente de tener que pensar en ello todo el día y vivir preocupado y estresado por lo que, en algún momento, deberás atender.

El espejismo de la perfección

El perfeccionismo suele disfrazarse de virtud, prometiendo excelencia y éxito, pero en realidad, es un espejismo que nos mantiene atrapados en la inacción. Perseguir lo perfecto nos hace dudar, procrastinar y rechazar oportunidades por miedo a no estar suficientemente preparados. En lugar de impulsarnos, nos paraliza, convirtiéndose en un obstáculo para el aprendizaje y el crecimiento.

Entonces, si estás esperando a tener el plan perfecto antes de empezar, es probable que tengas que esperar por siempre. La perfección no existe. En cambio, el progreso sí y solo quienes se atreven a avanzar, aunque sea con fallas, logran grandes cosas. Además, no siempre es necesario tener un plan de acción 100% claro antes de comenzar. Fantástico si es así, pero si no lo tienes, lo más importante es dar un primer paso y permitir que el plan vaya tomando forma en la medida en que actúes.

Lo primordial es evitar caer víctima de la idea de que, si aún no tienes el plan perfecto o no estás seguro de poder hacer todo a la perfección, lo mejor es esperar. Esa forma de pensar sabotea tu éxito, te inmoviliza y terminas por creer que, si no estás en posición de dar el 100%, es preferible abandonar el proyecto. De esa manera, por miedo a no tener la seguridad de ganar todas las batallas, optas por no ganar ninguna. ¿Ves lo trágico de esta situación? Es una trampa que te condena a la perpetua inactividad.

Tú no tienes que saber cómo hacer todo de manera impecable ni contar con las condiciones óptimas antes de empezar. Es más, como ya vimos en un capítulo anterior, la única forma de hacer algo bien es asumiendo el riesgo de abordarlo cuando aún no lo haces tan bien. En otras palabras, empezar haciéndolo aun sin tener toda la técnica que se requiera hasta que aprendas a hacerlo bien, pero comenzar ya mismo.

Si no has tomado acción porque sientes que tu plan podría mejorar si le das tiempo, entiende que, a veces, un plan pobre que rompa la inercia y te ponga en movimiento es la mejor opción para superar el reto que estés enfrentando, por difícil que este parezca. Esa es la esencia del baile de la lluvia.

Esforzarte por actuar con excelencia, ser meticuloso y querer hacer las cosas bien son actitudes saludables; no hay nada de malo en ellas. El espejismo de la perfección no consiste en fijarse unos estándares elevados, sino en imponerse niveles inalcanzables. Es creer que cometer errores es inaceptable y que todo lo que hagas debe estar libre de faltas. Es pensar que, por bueno que tu plan de acción sea, aún es posible mejorarlo y decidir que solo darás el primer paso cuando hayas alcanzado la perfección. Esta actitud sí es nociva y siempre te colocará en una posición vulnerable.

Los Powhatan valoran el aprendizaje a través de la experiencia y la adaptabilidad en lugar de obsesionarse con la perfección. Ellos saben que *el árbol que intenta ser perfecto no crece*, ya que la naturaleza crece de manera imperfecta y, poco a poco, logra la armonía con su esencia. De igual manera, la persona exitosa sabe que las equivocaciones y las caídas son parte del éxito.

Por su parte, el perfeccionista no acepta que cometer errores sea natural, sino que lo ve como un defecto personal que no tiene por qué ocurrir. La simple idea de equivocarse le produce temor y angustia a tal punto que se inhibe de actuar. Cree que cometer errores lo hace menos exitoso, menos agradable e incluso menos valioso. Considera que las cosas están bien o mal hechas y que no hay nada entre estos dos extremos. No obstante, creer que solo es posible escoger entre dos opciones —lo perfecto y lo imperfecto— nos impide ver que siempre existe la posibilidad de aprender, mejorar y crecer.

Es fácil reconocer a la persona que ha caído víctima del perfeccionismo. En el trabajo, si debe presentar un informe o cualquier otro documento, ella desperdicia horas escribiendo y reescribiendo cada idea, lo que hace que, en ocasiones, no llegue a terminarlo por falta de tiempo; nunca le parece que su escritorio u oficina están tan ordenados y limpios como quisiera verlos; siempre está posponiendo lo que debe hacer, esperando las condiciones ideales. Cuando lo planeado no sale de acuerdo con sus expectativas, se culpa y se castiga, a veces, con excesiva severidad. Y si dirige un equipo, prefiere no delegar, porque le parece que nadie hará todo tan bien como ella.

¿Ves cómo este mal hábito sabotea tu éxito? Quien sufre de este terrible mal, en lugar de enfocarse en sus fortalezas y en lo que funciona bien en su vida, está siempre obsesionado con sus debilidades y con todo lo que no marcha como quisiera.

Esta presión de querer hacer todo a la perfección tiene consecuencias muy peligrosas. En su libro *Perfeccionismo: Teoría, investigación y tratamiento*, Gordon L. Flett presenta numerosos ejemplos sobre los efectos destructivos del perfeccionismo —problemas que van desde la ansiedad y la depresión hasta el suicidio.

Un factor agravante de este problema es que la sociedad está obsesionada con la perfección. Dondequiera que mires, encuentras programas, libros, artículos y revistas que prometen ayudarnos a encontrar "la pareja perfecta", "el trabajo perfecto" o "el cuerpo perfecto". Ya ni siquiera vamos al cine o leemos un libro sin antes cerciorarnos de que se encuentren en la lista de "los diez mejores…". De no ser así, concluimos que no deben valer la pena.

Lo peor de todo es que los padres perfeccionistas les transmiten a sus hijos esta obsesión por la perfección, razón por la cual muchos de los desórdenes físicos y mentales asociados con este mal comienzan a manifestarse desde temprana edad. Como resultado, los jóvenes sienten que, si no tienen las notas perfectas, la ropa perfecta, la nariz o la figura perfectas, no serán aceptados ni lograrán triunfar y ser felices.

Este espejismo de la perfección termina por convertirse en un círculo vicioso, ya que, entre más nos esforzamos por ser perfectos en todas las áreas, más ansiedad sentimos y dicha ansiedad termina por convencernos de que nuestro mejor esfuerzo jamás será suficiente.

Este fenómeno nos lleva a obsesionarnos con nuestras debilidades y, mientras más nos concentramos en ellas, más parecen expandirse, aumentando la angustia. Porque, cuando el perfeccionista no logra los objetivos que se ha propuesto, sufre por ello; su estrés y preocupación excesiva comienzan a interferir en todas las áreas de su vida y, en su ansiedad por evitar el rechazo y la crítica de los demás, llega inclusive a experimentar profundos estados de depresión.

Así que evalúa tu vida y determina qué has venido posponiendo como resultado del perfeccionismo y toma ya la decisión de no permitir que este mal continúe robándote la oportunidad de trabajar en lo que quieres hacer.

La trampa de decidir sin decidir

¿Te has dado cuenta de que a veces tomamos decisiones que parecen categóricas, pero que, una vez las miramos con lupa, resulta que no deciden nada? Esa es la gran trampa de las decisiones condicionales.

Empecemos con una lección muy rápida de gramática. En sintaxis, las oraciones condicionales están compuestas por una oración principal y una subordinada que manifiesta una condición que debe cumplirse para que suceda lo expresado en la principal. En otras palabras, lo que la oración principal afirma será cierto, siempre y cuando la condición expresada se cumpla.

Cuando digo, "si hace un día soleado, saldré a hacer ejercicio", lo que esta oración expresa es que saldré a hacer ejercicio, siempre y cuando haga sol; si no hay sol, pues no habrá ejercicio. Así que, como ves, las oraciones condicionales indican que una acción solo tiene lugar si se produce una condición determinada.

Ahora bien, hay condiciones mucho más probables que otras. En la oración, "si haces ejercicio, mejorará tu salud", la condición expresa un resultado que es factible que suceda. Sin embargo, si yo digo: "Si cuento con el apoyo de todos, saldré tras mi meta", esta afirmación expresa una condición que es mucho menos probable que ocurra, ya que yo no tengo ningún control sobre el hecho de que los demás decidan o no apoyarme.

Otras oraciones expresan condiciones imposibles, puesto que se refieren a situaciones que han tenido lugar en el pasado y ya no es viable cambiarlas. Por ejemplo: "Si hubiese ido a la universidad, hoy tendría un trabajo estable".

Todas estas oraciones se conocen como oraciones condicionales y, aunque, desde el punto de vista gramatical, están bien planteadas, el problema surge cuando las utilizamos para expresar nuestras decisiones. En otras palabras, cuando tomamos decisiones condicionales.

¿Por qué digo que es un problema? Porque, de acuerdo con *El Diccionario de la Lengua Española*, la palabra decisión implica una determinación o resolución que uno toma. Una decisión es una respuesta con la que uno decreta el destino de una situación, como cuando dice: "He decidido empezar un negocio"; también ocurre cuando uno finaliza algo, por ejemplo, si dice: "He tomado la decisión de irme ya".

En todo caso, decidir significa tomar una determinación definitiva sobre un asunto. Así que, atarle una condición a ello anula la posibilidad de resolverlo de manera decisiva. Nos deja en el mismo lugar en que nos encontrábamos antes de tomar la supuesta decisión.

Yo creo que a eso se debe que una de las características y de los rasgos que más nos molestan de otros sea la indecisión. Aquella persona que no se decide por una cosa ni por la otra, que no sabe si va o no va, si quiere o no quiere, que no tiene la determinación para actuar, que duda, que es insegura y carece de la firmeza necesaria para decidir de forma definitiva. De igual manera, una de las virtudes que más admiramos en un líder, en un emprendedor, es si es decidido, porque la decisión genera confianza y seguridad.

Ahora, volvamos a las decisiones condicionales, que en realidad no son decisiones, pero nos gustan porque nos dan la impresión de que hemos tomado ciertas medidas, pero cuando las miramos un poco más de cerca, nos damos cuenta de que no hay tal cosa. Se manifiestan cuando utilizamos expresiones como: "Este año, me comprometo a hacer ejercicio y cuidar mi salud, siempre y cuando mi pareja decida apoyarme", "Voy a ser más creativo en mi trabajo, una vez mi jefe decida darme mejores proyectos", "Trabajaré en aumentar mis ingresos y reducir mis deudas, si la economía del país mejora".

En otras palabras, tomamos una decisión en la que pareciera que indicamos nuestra determinación de hacer ciertos cambios, damos fe de nuestro compromiso con ciertas metas y dejamos bien clara nuestra intención de actuar, pero después viene la condición: lo haremos siempre y cuando otra persona se comprometa a hacer la otra parte.

Nos aseguramos de que quede bien claro que, si el objetivo que acabamos de decretar no se cumple, la culpa no es nuestra, sino de la otra persona que no hizo su parte, que no apoyó ni propició las condiciones para que nosotros pudiésemos cumplir nuestro compromiso.

¿Te das cuenta entonces que esta es una decisión que no es una decisión? Porque está condicionada a factores que están fuera de tu control. Seré feliz y exitoso, si decides apoyarme en todo lo que yo haga. Entonces, si soy infeliz y fracasado, ¿adivina de quién es la culpa? Tuya, porque no me apoyaste.

¿Ves por qué me refiero a estas decisiones condicionales como una trampa? Porque nos proveen una escapatoria, mediante la cual jamás tenemos que aceptar el 100% de la responsabilidad por nuestro éxito. A lo sumo, estamos aceptando el 50%. Yo hago mi parte, mientras que el otro haga su parte. Y si el otro no hace su parte, pues yo no hago la mía.

El problema es que, en todas las decisiones que afectan nuestra vida, si no hacemos nuestra parte, nosotros siempre seremos los únicos perjudicados o, por lo menos, los más perjudicados. Porque, si decides que triunfarás en los estudios siempre y cuando el profesor sea un mago enseñando y motivándote, si fracasas en ellos, siempre es posible culpar al profesor, así tú no hayas hecho tu parte ni te hayas esforzado.

Ahora, quiero que te imagines que tuviste una vida frustrada y sin mayores logros, y ya viejito, tu nieto o tu nieta te preguntan: "Abuelito, ¿por qué crees que no lograste mayor cosa en la vida?". Entonces, tu respuesta es: "Lo que sucede es que en el colegio tuve un pésimo profesor...". ¿Tiene eso algún sentido? No.

Tu decisión de triunfar no debe depender de que otros hagan su parte o sean de esta o aquella manera ni de que te apoyen o crean en ti y en tus sueños. Porque, de ser así, estarás poniendo tu destino en manos de otras personas o de circunstancias que están fuera de tu control.

Entonces, empieza por entender que, cuando tomas decisiones condicionales, no estás tomando ninguna decisión. Lo que estás haciendo es presentar una excusa o una escapatoria a manera de decisión para librarte de la responsabilidad de hacer lo que sabes que tienes que hacer o para explicar un posible fracaso si las cosas no salen como las habías planeado.

Mira solo algunas de las razones por las cuales estas decisiones condicionales son una fórmula perfecta para fracasar:

1. Las decisiones condicionales te absuelven de ser el único responsable por tu futuro. Comienzas a depender de que otros hagan su parte y terminas por creer que tu éxito es obligación de otros, y ya ni siquiera te esfuerzas por tratar de hacer todo por ti mismo. En cierto sentido, estás cediendo tu poder, repartiéndolo entre tú y alguien más para tomar una decisión que en realidad te afecta es a ti y que solo tú estás en posición de tomar. ¿Tiene algún sentido que esta decisión dependa de alguien más? No.

2. Las decisiones condicionales retrasan la posibilidad de empezar a trabajar en tu éxito ya mismo. ¿Sí ves? Las mejores decisiones son aquellas que ejecutas de inmediato. El problema con las decisiones condicionales es que crean una situación en la que es posible que tú estés listo a empezar, pero debes esperar que otros factores externos se den. Si has condicionado tu decisión a que otra persona también haga su parte, si ella decide que no es el mejor momento para empezar, entonces, te toca esperar. Sin proponértelo, has retrasado de modo indefinido la implementación de tu decisión a la espera de que la otra parte esté lista a actuar o las circunstancias estén dadas.

3. Cuando tus decisiones están condicionadas a que alguien más haga su parte, esto abre la puerta a posibles excusas y justificaciones. Porque, si la otra persona no hace su parte, ya encontraste un culpable de que tus decisiones no hayan producido los resultados que buscabas.

   Nos sucede como a los estudiantes que, si no triunfan en la escuela, el problema es el profesor que no sabe enseñar. Después, si se quedan estancados en su trabajo, el responsable es su jefe que no es un líder efectivo. Si su relación sentimental fracasa, la culpa es de su pareja que no los comprende ni los apoya.

   Siempre es fácil jugar el papel de víctima y culpar a los demás por tus caídas. Tu fracaso no fue culpa tuya, sino culpa de la falta de apoyo o del sabotaje de la otra persona que no hizo su parte.

   De hecho, cuando fracasan, la reacción inicial de muchos es buscar quién es el que no está haciendo su trabajo bien para que ellos no hayan triunfado. Quién es el culpable de que no sean tan felices como merecen. ¿Y sabes qué? Siempre van a encontrar un culpable. ¿Por qué? Porque decidieron que su felicidad y su éxito está en manos de otras personas.

4. Las decisiones condicionales debilitan tus metas, ya que te acostumbras a creer que, para que tus decisiones produzcan resultados, las condiciones deben ser perfectas. Entonces, si te has propuesto alcanzar una meta, pero las condiciones no son ideales, lo mejor es no empezar.

   Es obvio que una decisión que se puede aplazar de forma indefinida, pues no debe ser tan importante. ¿Ves? Si dices:

"Mi éxito profesional es mi mayor prioridad en este momento, así que voy a regresar a la universidad… Por supuesto, si me apoya mi pareja y cuando tenga el dinero y siempre y cuando me den tiempo en el trabajo, y claro, una vez mejore la economía…", pues entonces, regresar a la universidad no debe ser tan importante.

Esta es una peligrosa secuela de poner tantas condiciones. Terminas siendo incapaz de tomar cualquier decisión, debido al número de circunstancias que consideras necesarias antes de actuar. Aprendes a no salir tras una meta ni a empezar un nuevo proyecto a menos que todo parezca estar perfecto. El éxito está en empezar con las condiciones reinantes y dar tu mejor esfuerzo, ya sea que las circunstancias sean favorables o adversas.

Asume el 100% de la responsabilidad por tu decisión e impleméntala de inmediato. Esa es la fórmula para convertir en realidad todo aquello que te has propuesto lograr.

Imagina qué sucedería si, en lugar de bailar hasta que llueva, la tribu de nuestra historia se refugia en excusas como el engaño del mañana, el espejismo de la perfección o las decisiones condicionales. Entiende que el deseo de triunfar solo tiene valor cuando va acompañado de acción rápida y decidida.

Once

Haz que tus fortalezas brillen por encima de tus debilidades

Para enseñar a sus jóvenes, los Powatan usan historias y leyendas sobre la naturaleza. Hablando del poder de la confianza en uno mismo, por ejemplo, suelen decirles que deben aprender de las aves que, cuando se posan sobre la rama de un árbol, lo hacen sin titubear, sin vacilar, sin miedo de que la rama se rompa, porque su confianza no está en la rama, sino en sus alas.

Así instruyen los mayores Powhatan a sus nuevos guerreros, con respecto a dónde deben depositar su confianza. Todo guerrero debe elegir si va a enfocarse en la incertidumbre y la duda que le generan las circunstancias externas o en el poder y la confianza de sus fortalezas internas. De lo contrario, corre el riego de permitir que sus debilidades terminen por opacar sus fortalezas.

Hoy, tú enfrentas este mismo dilema. Ya sea que estés persiguiendo un sueño, te encuentres a punto de salir tras una nueva meta o estés pronto a comenzar un nuevo proyecto ¿vas a enfocarte en tus fortalezas o en tus debilidades?

Muchas veces sucede que, en lugar de salir tras nuestros objetivos con seguridad y confianza, vacilamos, dudamos de si seremos capaces de lograrlos, nos sentimos poco preparados e inseguros de tener las habilidades necesarias. En otras palabras, permitimos que nuestras inseguridades opaquen nuestras cualidades o, en lenguaje Powhatan, estamos tan temerosos de que la rama se rompa que olvidamos que son nuestras alas las que nos mantendrán a salvo.

Todos tenemos fortalezas y debilidades, sueños que queremos alcanzar y temores que nos hacen dudar de ser capaces de alcanzarlos, y tanto nuestras dudas como nuestros deseos habitan el mismo espacio: nuestra mente.

En tu cabeza hay dos voces que parecen estar hablándote siempre. Una, te recuerda todo lo que es posible lograr: las oportunidades que hay a tu alrededor y las metas por cumplir. La otra, te advierte los peligros asociados con cada oportunidad, los riegos que conlleva salir tras tus objetivos y todo lo terrible que ocurrirá si te atreves a salir de donde estás.

La pregunta es: ¿A cuál de estas dos voces le harás caso? Es una decisión que afectará toda área de tu vida, indicándote cómo actuar, qué sueños perseguir y hasta cómo te percibes a ti mismo.

Así parezca increíble, hay quienes han optado por vivir gobernados por sus temores y debilidades. Pocas veces, se dan permiso de perseguir grandes propósitos o intentar cosas nuevas. Ante cualquier oportunidad que se les presenta, su primera reacción es verla como una meta inalcanzable.

¿Te ha sucedido esto alguna vez? ¿Te ha pasado que vas a salir tras ese sueño que tanto anhelas y de inmediato empieza esa lucha entre tu seguridad de lograrlo y tu temor de fracasar? Por ejemplo, quieres triunfar en tu negocio y este deseo desencadena una riña entre dos vocecitas: una que te anima, "¡Vamos… tú puedes! ¡Adelante!", mientras la otra te cuestiona "¿Estás loco? ¿Qué vas a hacer?".

Es como si la mitad de tu cerebro hubiese decidido enfocarse en tus fortalezas y la otra mitad se empeñara en solo ver tus debilidades.

Tiempo atrás, cada vez que ocurría una de estas luchas en mi interior, siempre parecían ganar el temor y la duda; la vocecita que me decía "Detente", "Tú no sirves para eso…", "No te aceleres… espera un par de meses más…", y hasta ahí llegaba todo.

De hecho, aprendí a creer que esa vocecita era la manera en que el destino me indicaba qué hacer y qué no. Era Dios diciéndome: "Eso no es lo tuyo". Entonces, sin discutir ni ofrecer ninguna resistencia, me resignaba a escuchar a esa voz con la seguridad de que ella actuaba a mi favor, cuidando mis intereses, así en ese momento yo sintiera que acababa de renunciar a lo que más quería.

Este tipo de luchas ocurre cada vez que estás analizando alguna decisión importante. Quieres cambiar de empleo porque eres infeliz con lo que estás haciendo a nivel laboral y el solo pensar en levantarte para ir a trabajar te deprime, así que comienzas a evaluar la opción de renunciar a tu trabajo y buscar algo distinto.

De repente, la vocecita siempre entusiasta dentro de ti te anima: "¡Vamos! Busca algo que te guste… La vida es corta… Tú vales mucho más que esto que estás haciendo… Hay infinidad de oportunidades allá afuera…". Sonríes. Te entusiasma lo que escuchas. Eres feliz de nuevo porque sientes que estás a punto de tomar una decisión grande. Piensas: "¿Qué es lo peor que puede suceder?".

Al instante, esta pregunta activa a la segunda voz que, contrario a la primera, te dice: "¿De verdad, quieres saber qué es lo peor que puede suceder? ¡Pues ahí te va! ¿Vas a tirar por la borda todo el tiempo que has invertido en este empleo? ¿En serio, estás dispuesto a empezar de cero otra vez? Y si no encuentras nada… ¿Cómo vas a cubrir tus gastos? ¿Tú crees que eres el único que te sientes insatisfecho? Está bien que quieras cambiar, pero ¿estás seguro de que este sea el mejor momento? Mira que la situación no está nada fácil allá afuera…".

Ya sabes cómo termina esto, ¿no es cierto? En un abrir y cerrar de ojos, vuelves a tu realidad, te bajas de esa nube en la que te habías subido y, sin saber cómo ni por qué, renuncias a la posibilidad de construir una mejor realidad y, cuando vienes a ver, te resignaste a seguir en ese trabajo que aborreces, con la seguridad de que tú no eres el único que debes estar pasando por esa situación. Y esa misma voz que te ha hecho renunciar a tu felicidad trata de reconfortarte, asegurándote que ese dolor que sientes es pasajero y que, aunque no lo entiendas, es por tu propio bien.

Tres formas de hacer que tus fortalezas brillen

Pon en práctica estas tres estrategias y verás cómo tus fortalezas comienzan a sobresalir, dejando atrás esas debilidades que hasta ahora han dirigido tu vida:

1. ¿Estás seguro de que es la voz de la razón la que te habla?

En situaciones como la que acabo de describir, evita asumir que se ha impuesto la "voz de la razón", que el sentido común y la lógica te han mostrado lo que más te convenía y que el destino te ha enviado una señal de que ese cambio, aunque prometedor, te iba a causar muchos dolores de cabeza.

Entiende que la que gana suele ser la voz que uno decida escuchar y que la que habla no siempre es la voz de la razón. Cuando renuncias a una de tus metas, bien sea porque te acobardaste, porque te preocupa el qué dirán o porque te convenciste a ti mismo de que no estás preparado todavía y lo mejor es esperar, no es porque se haya impuesto la voz de la razón, sino porque sucumbiste ante los gritos de la voz de la duda que logró convencerte del falso mérito de ser prudente.

Es posible que estés pensando que jamás cometerías la insensatez de escuchar a esa voz que te roba los sueños, que sabotea tu éxito y te niega el derecho que tienes a ser feliz, pero lo más probable es que todos los días, sin darte cuenta, estés escuchándola y haciéndole caso.

¿Cómo? Cuando plantas en tu mente falsas creencias sobre tus propias capacidades. Cada vez que dices "yo no sirvo para eso", y te enfocas tanto en tus debilidades que te es imposible ver tus atributos, estás alimentando la voz de la duda. Y si haces esto día tras día, año tras año, pues no debería sorprenderte que, cuando el camino se pone difícil, comiences a hacerle caso a esa vocecita en tu interior que te asegura que lo mejor que puedes hacer es darte por vencido.

2. Valora tus fortalezas y evita quedar atrapado en tus debilidades

¿Qué hacer para que la que hable más duro sea la voz que te anima a salir tras tus sueños y te reta a no conformarte con segundos lugares? Es sencillo: nutre tu mente con imágenes en las que te veas triunfando y utilizando al máximo tu potencial. Cuida que la información que recibes del mundo exterior esté fortaleciendo tu carácter en lugar de generarte falsas creencias que debiliten tu autoestima. Sobre todo, concéntrate en tus propias expectativas y evita a toda costa darles demasiada importancia a las críticas y opiniones de los demás.

Es incuestionable que eres tú quien eliges los pensamientos y las ideas que guardas en tu mente. De modo que afronta la enorme responsabilidad que tienes de vigilar uno a uno tus pensamientos, puesto que son esas ideas y creencias que guardas allí las que se transformarán en las voces que, en los momentos decisivos, te ayudarán a descubrir tu verdadero potencial o te debilitarán, haciéndote dudar de tus capacidades y condenándote al fracaso.

Los Powhatan tienen claro que el gran guerrero no está exento de limitaciones. Lo que lo hace grande es que elige enfocarse en sus fortalezas. El miembro de la tribu que no es fuerte, ágil o veloz, pero tiene buena visión, puede ser el guía o vigilante ideal. Su habilidad le permite monitorear el entorno y detectar la presencia de enemigos o animales peligrosos, velando por la seguridad de la tribu. Su visión aguda guía a la tribu durante las migraciones y exploraciones. Por esto, es admirado y apreciado por todos, ya que su habilidad contribuye a la supervivencia y el bienestar de la comunidad.

Sin embargo, a muchas personas les resulta más fácil identificar sus puntos débiles. No es que no sean conscientes de sus capacidades, sino que sienten que conocer sus limitaciones les ayuda a entender para qué sirven y para qué no. Creen que tener este supuesto conocimiento es una gran estrategia para evitar involucrarse en actividades que requieran habilidades que ellos creen no poseer.

Por ejemplo, si les piden hacer una presentación en la siguiente reunión con el equipo de trabajo, en lugar de pensar en cómo esta oportunidad podría beneficiarlos, lo primero que se les ocurre es: "¿Por qué me habrán pedido hablar en público justo a mí, cuando todos saben lo nervioso que me pongo y lo mal que lo hago?". Jamás, en su análisis de la situación, piensan: "¿Hablar en público? Sé que me dan nervios, pero tengo buen sentido del humor, domino a la perfección el tema sobre el que me han pedido hablar y me llevo bien con la gente. ¡Sé que lo haré bien!".

Todas esas herramientas que ellos tienen a su favor les ayudarían a aprovechar esa oportunidad, pero pasan desapercibidas ante sus ojos porque están demasiado concentrados en sus supuestas carencias.

Una y otra vez, vemos personas en todos los ámbitos que se destacan, aun sin ser las más talentosas, porque eligen enfocarse en lo que sí tienen, aceptando que necesitarán compensar con disciplina, trabajo duro y constancia todo lo que les falta en talento innato. Su éxito es el resultado de enfocarse en sus puntos fuertes y sus ventajas competitivas, en lugar de vivir presos de sus debilidades.

De vez en cuando, alguien me pregunta si desde joven yo sabía que poseía un talento especial para escribir libros. Aprecio el cariño con el que me lo dicen, pero confieso que debo contener las ganar de reír, porque yo soy el primero en admitir que lo mío no ha sido cuestión de talento, habilidad literaria o un don innato para la escritura.

De hecho, antes de empezar a escribir mi primer libro, de vez en cuando, me asaltaba la idea de estar haciendo algo para lo cual tenía poca aptitud. Más que talento, lo mío ha sido cuestión de terquedad, de comenzar a escribir a pesar de mis miedos e inseguridades.

Mis libros han sido la consecuencia de haberme hecho la promesa de que el sueño de compartir mis ideas con otros sería más grande que todas mis debilidades en el campo literario. También ha sido cuestión de estar dispuesto a enmendar a punta de estudio, constancia y perseverancia todo lo que me falta en talento y habilidad.

3. Elige con cuidado hacia dónde diriges el lente de tu subconsciente

En cierto sentido, tu mente es como una videocámara que tienes la libertad de enfocar en lo que quieras.

Piensa que, si deseas sentirte como un triunfador, optimista y entusiasmado, es cuestión de que enfoques tu cámara en tus fortalezas, en tus logros y en aquellas áreas de tu vida que te hacen sentir fortalecido y poderoso.

Ahora bien, sé que lo que te voy a decir va a sonar absurdo y paradójico, pero, si lo que quieres es sentirte triste y deprimido, te aseguro que no importa qué tan bien esté marchando tu vida, siempre te será posible encontrar un área en la cual enfocar tu cámara que te hará sentir de esa manera: afligido y derrotado. No tendrás que escarbar mucho para descubrir cualquier aspecto, por pequeño que sea, que, si te enfocas en él y le prestas toda tu atención, te robará la oportunidad de sentirte feliz.

Lo importante de tener en cuenta es que esa cámara —tu mente— es tuya y, como tal, tú estás en plena facultad de enfocarla en lo que desees: tus fortalezas o tus debilidades.

Lo triste e incomprensible es que, a pesar de que cada uno de nosotros es libre de decidir en qué fijar la cámara de su mente subconsciente, tantas personas opten por enfocarse en sus debilidades, en sus caídas y en todo lo que no han logrado en la vida. Y lo que es peor, cada vez que enfrentan una adversidad, hacen zum en ella para que ocupe la totalidad de la pantalla de su mente. Entonces, los escuchas usar expresiones como: "Nada me sale bien", "Nadie aprecia mi esfuerzo" o "No tengo talento para nada".

Recuerda, es tu cámara. Tú decides en qué enfocarla. Niégate a tomar esta decisión tan a la ligera, porque, quien vive obsesionado con sus debilidades, termina por destruir sus fortalezas.

Evita que tus carencias o temores sean los que te indiquen qué metas perseguir y cuáles olvidar. Deja que el deseo de ver tus sueños hechos realidad sea el que te guíe y te dé la fuerza necesaria para lograr todo lo que te propongas.

Doce

Quien no planea su éxito está planeando su fracaso

No pares de bailar hasta que llueva —el llamado Powhatan— es una invitación a persistir hasta lograr lo que deseas. Sin embargo, el éxito es el resultado de establecer metas claras y contar con un plan estratégico para lograrlas. Sin tener esa claridad, rendirse es mucho más fácil.

Por esta razón, el guerrero Powatan jamás va a la batalla a improvisar. Él tiene un plan claro que señala el resultado que él persigue, las estrategias que usará y cada paso que dará. Él sabe cuándo ejecutar cada movimiento y quién es el responsable de toda actividad, sin dejar nada al azar.

En este capítulo, te mostraré cómo desarrollar un plan de acción que te ayude a definir con claridad cuál es el objetivo que persigues, por qué es importante alcanzarlo, cómo calcular el tiempo para lograrlo, qué recursos tienes a tu disposición, cuáles habilidades necesitas adquirir, quién puede ayudarte y cómo estructurar tu plan de trabajo.

Conocer y saber cómo manejar estos aspectos de un buen plan de metas te permitirá organizar las tareas que necesitas desarrollar, gestionar el tiempo de manera eficiente, identificar los recursos clave y saber cómo ejecutar cada actividad.

Aunque tiene todo el sentido del mundo proceder de esta manera, lo cierto es que pocas personas lo hacen. Muchos creen que, con tener una idea más o menos clara de lo que buscan, es suficiente; piensan que no hay necesidad de planear y que en el camino ya irán viendo qué hacer y cómo hacerlo. Como resultado de ello, no saben a ciencia cierta hacia dónde van, viven siempre improvisando y al final se frustran y se dan por vencidos.

De hecho, hace algún tiempo escribí un artículo para un periódico en el que aseguraba que el 80% de las personas que fracasa lo hace a propósito. Recuerdo que el editor cuestionó tal aseveración. "¿Estás seguro, Camilo?", me dijo. "No tiene sentido. ¿Quién en su sano juicio planea fracasar?". Él tenía toda la razón, nadie planea su fracaso. El problema es que pocos planean su éxito, sin entender que, al no planear su éxito, están planeando su fracaso.

Recuerda que el éxito no es el resultado de la suerte ni de la coincidencia ni de la partida que te haya jugado la vida ni de nada por el estilo, sino el resultado de tener un plan de acción claro y luego ponerlo en marcha con disciplina hasta lograr los objetivos propuestos.

Así que, a continuación, quiero que construyas tu propio plan de éxito. Mientras lees cada uno de estos interrogantes, reflexiona sobre cómo aplicarlos a tu vida. Evita dejarlos en simples generalidades, hazlos tuyos. Es decir, personaliza cada respuesta y asegúrate de que tomas nota de todo dato, toda fecha, habilidad, descripción o actividad que consideres que se alinee con los objetivos que deseas alcanzar.

1. ¿Cuál es el objetivo o el sueño que deseas alcanzar?

Recuerda que el propósito del plan de acción es transformar tus sueños y tus propósitos en metas claras que produzcan los resultados que deseas a través de acciones bien definidas. Por consiguiente, tiene sentido que el primer objetivo sea tener claro lo que quieres lograr.

Pocas personas se toman el tiempo necesario para definir con claridad sus metas. Tienen una idea vaga de lo que buscan y creen que eso es suficiente, sin entender que las metas borrosas por lo general producen resultados borrosos.

Evita las vaguedades, sé específico. Define con total exactitud qué es lo que quieres lograr. Por ejemplo, di: "Voy a incrementar las ventas de mi negocio en el 20%". Eso es mucho mejor que limitarte a decir: "Necesito mejorar las ventas". "Me urge perder 30 libras de peso para llegar de nuevo a mi peso ideal" es más claro que decir: "Me gustaría bajar de peso" o "Debo perder unas cuantas libras".

Muchas veces, nos quedamos en imprecisiones y ambigüedades, por temor a comprometernos con una meta fija que ponga demasiada presión sobre nuestros hombros. El problema es que, sin tener claro lo que buscas, será imposible medir el progreso, determinar qué debes hacer o saber si cuentas o no con los recursos necesarios. Con frecuencia, digo que no tener metas es equivalente a jugar un partido de futbol sin arcos. ¿A dónde pateas?

Cuando Reed Hastings fundó Netflix, su empresa era un servicio de alquiler de películas en DVD por correo. Sin embargo, pronto se dio cuenta de que el mercado de los videos, las películas y el entretenimiento se estaba moviendo al mundo digital, así que entendió que el futuro estaba en el *streaming*. El hecho es que, a pesar de las dudas de muchos, él hizo la transición de su negocio de manera firme, enfocándose en un objetivo claro y concreto: ser la plataforma de entretenimiento más accesible y personalizada del mundo.

Hoy en día, Netflix es sin duda la empresa líder de la industria y ese resultado fue posible gracias a la visión clara y precisa de Hastings con respecto a lo que él quería lograr. En otras palabras, tener claridad sobre los objetivos que persigues te permite responder rápidamente a los cambios, replantear tus metas y reinventarte, si es necesario, sin desenfocarte del propósito inicial.

En tu caso en particular, esta primera pregunta tiene dos objetivos concretos. El primero es lograr claridad sobre los sueños que deseas hacer realidad; necesitas que sean específicos, medibles y realizables. El segundo es estimularte a pensar en todas las áreas de tu vida. Cuando les pido a los estudiantes de mis mentorías que desarrollen una lista de sus sueños y aspiraciones más importantes, encuentro que la gran mayoría de ellos tiende a enfocarse únicamente en sus logros profesionales y en sus metas financieras.

Lo ideal es contar con un plan integral que abarque todas las áreas de tu vida y no solo se ocupe de los aspectos profesionales y financieros. Te recomiendo establecer metas de índole familiar, en conjunto con metas que garanticen tu crecimiento intelectual y espiritual, así como metas que respondan a tus necesidades de esparcimiento y diversión, y metas que te ayuden a mantener una salud óptima y un buen estado físico. De otra manera, terminarás llevando una vida desequilibrada y descuidando áreas esenciales que deberán hacer parte de todo buen plan de éxito.

2. ¿Por qué estos objetivos son importantes para ti?

Una vez tienes claro lo que quieres, es crucial que te preguntes por qué estos objetivos son importantes para ti. Esta pregunta pareciera innecesaria puesto que, si estás persiguiendo un sueño o una meta en particular, es porque has decidido que es importante para tu vida, ¿no es cierto? Sin embargo, por absurdo que parezca, es común encontrar personas que están persiguiendo objetivos que no son realmente suyos —metas que no las apasionan, pero que responden a las expectativas de otras personas o son el resultado de la influencia de la televisión, las redes sociales, las modas u otros factores externos que poco o nada tienen que ver con sus propias expectativas o su propósito de vida.

Recuerdo un estudiante mío en la universidad que soñaba con ser pianista, pero estaba estudiando medicina. Cuando le pregunté la razón, me dijo que su abuelo y su padre eran médicos, y que sus padres esperaban que él continuara con esa tradición familiar. Imagínate, había renunciado a lo que le apasionaba para perseguir el sueño que sus padres habían escogido para él. No tiene sentido.

Sin duda, cada uno de nosotros es libre de hacer lo que quiera con su futuro, pero asegúrate de que lo que haces es porque tú has decidido que ese es el rumbo que le quieres dar a tu vida, que ha sido tu decisión, que responde a tu propósito personal.

La única manera de estar seguro de que es así es descubriendo por qué deseas alcanzar los sueños y las metas que has identificado en el paso anterior. ¿Qué te motiva a querer lograr dichas metas? Escribe ese porqué, léelo —y más te vale que, al leerlo, te haga vibrar y te llene de optimismo.

Si ese porqué no te hace saltar de entusiasmo, a lo mejor esa meta no es en realidad tuya. Es posible que se trate de un propósito en el que te involucraste por complacer a alguien más o que responde a la presión de los medios o las redes sociales. Si es así, bórralo de inmediato de tu lista de sueños. No desperdicies tu vida haciendo cosas solo por complacer a otros.

En su libro, *Empezar con el porqué*, Simón Sinek deja claro que las personas y las organizaciones más exitosas saben lo que hacen y cómo lo hacen, pero más importante aún, tienen claro por qué lo hacen, cuál es esa razón fundamental que motiva todas sus acciones. Saber sus porqué les permite tomar decisiones que estén alineadas con sus valores y principios, lo cual resulta en mayor motivación y resiliencia ante las dificultades. ¿Te recuerda esto la actitud de los Powhatan en su baile de la lluvia?

3. ¿Cuándo esperas lograr la meta o el objetivo que te has planteado?

La tercera pregunta que debes responder es quizás una de las que más problemas les da a muchas personas y es determinar cuándo esperas lograr la meta que te has planteado.

De hecho, la fecha que le asignas a cada sueño —el tiempo que te has dado para verlo hecho realidad— es el punto que convierte ese sueño en una meta clara. Sin ella, lo único que tienes es un anhelo, una aspiración. Ahora, ya tienes dirección, sabes durante cuánto tiempo trabajarás en tu plan, estarás en capacidad de verificar si vas avanzando o quedándote estancado, comprobarás si vas por el camino correcto o deberás modificar tu plan de acción.

Es un hecho que las personas trabajan con más eficacia cuando tienen una fecha específica para el cumplimiento de cualquier proyecto. La fecha es un dato crucial, así que no lo tomes tan a la ligera. Asegúrate de que este plazo que te estás dando exija de ti un esfuerzo mayor; que requiera que utilices el máximo de tu potencial y demande de tu parte el desarrollo de una disciplina fuera de lo común. Claro, debe ser un plazo flexible, ya que es importante que tomes en cuenta las habilidades que necesitarás adquirir.

Asignar una fecha para el logro de cualquier meta tiene al menos tres grandes beneficios. Primero, es una prueba de tu compromiso pues, al asignarla, estás arriesgando tu reputación, adicionándole cierta presión a tu vida que antes no tenías, pero esta presión será la encargada de ponerte en movimiento.

A principio de la década de 1960, el presidente John F. Kennedy le planteó un reto a la comunidad científica norteamericana. Pero en lugar de quedarse en una generalidad como "debemos empezar la conquista del espacio" o "examinemos la posibilidad de llevar al hombre a la Luna", él retó a la NASA a que, antes del 31 de diciembre de 1969, llevará al hombre a la Luna y lo trajera de nuevo a la Tierra.

La meta era clara y el tiempo para lograrla, inequívoco. ¿Cuáles fueron los resultados? El 20 de julio de 1969, más de 6 años después de planteado el reto, y solo 6 meses antes de cumplirse el plazo asignado, la NASA logró llevar a cabo esta hazaña. En parte, porque su reputación estaba en juego, ya que el presidente no hizo esta petición en secreto, a través de una carta privada, sino por televisión, para que todo el mundo lo supiera.

El segundo beneficio de contar con una fecha específica para el logro de tus metas es que te obliga a autoevaluarte. Al saber con cuánto tiempo cuentas, podrás revisar periódicamente tu rendimiento, evaluar qué tan rápido te estás moviendo, qué imprevistos no tuviste en cuenta y si debes modificar tu plan.

El tercer gran beneficio de asignar una fecha es que te obliga a enfocar tus esfuerzos y a desarrollar una actitud positiva hacia las actividades y tareas que debes realizar. Te ayuda a darles prioridad a aquellas actividades que contribuyan a lograr tus metas.

No te desanimes si descubres que alcanzar tus sueños va a tomar varios años. Recuerda que toda meta realmente digna de alcanzar tomará tiempo.

4. ¿Con qué habilidades ya cuentas para lograr tus objetivos?

Lo siguiente es tener claro con qué recursos cuentas, identificar las aptitudes y los talentos que ya forman parte de tu arsenal de habilidades y destrezas para así utilizarlos en tu camino hacia tu éxito.

Los Powhatan saben de la profunda conexión entre la naturaleza y el espíritu humano. Tienen claro que la mayoría de las habilidades y destrezas necesarias para lograr cualquier objetivo ya se encuentra en su interior. Por tal razón, las enseñanzas que comparten con sus hijos y demás generaciones reflejan esa sabiduría ancestral que resalta tanto la fortaleza interna como la capacidad de los seres humanos para aprender y crecer. Hay un sabio refrán que ellos utilizan para ayudarles a los niños a reconocer sus habilidades y no subestimarse: "Si juzgas a un pez por su habilidad para trepar árboles, ese pez vivirá toda su vida pensando que es un inútil".

Una de las mayores tragedias del ser humano es su incapacidad para ver su propia grandeza y reconocer los talentos y las habilidades que ya se encuentran en su interior. Lo que cada uno está en capacidad de lograr es asombroso. Aun así, lo que logra es, por lo regular, vergonzoso.

La razón es simple: hay personas que se han conformado con utilizar solo un pequeño porcentaje de sus capacidades. Van por la vida, creyéndose ineptas e incompetentes, porque se les ha metido en la cabeza que solo unos pocos privilegiados fueron dotados con una inteligencia y una creatividad especiales que ellas no poseen.

En lugar de reconocer su propio ingenio, viven con la constante sensación de que algo les falta para sentirse realizadas y, entre más se autoexaminan, más debilidades se encuentran y más inadecuadas se sienten. Así que terminan por verse a sí mismas como personas comunes, que nacieron para hacer cosas comunes. Inclusive, cuando tienen un chispazo de genialidad que podría cambiar su vida y beneficiar a muchos, lo descartan, asumiendo que, si tuviera algún mérito, ya se le habría ocurrido a alguien con mayor ingenio y creatividad.

Lo peor de todo es que gran parte del sistema educativo actual se ha desentendido del propósito de ayudarles a los niños y jóvenes a descubrir su genio interior.

En su libro *Aprendizaje acelerado para el siglo XXI*, Colin Rose y Malcolm Nicholls comparten una encuesta que mostró que más del 82% de los niños que ingresa a la escuela entre los cinco y los seis años tiene gran confianza en su habilidad para aprender. Sin embargo, a los 16 años, el porcentaje de estos mismos jóvenes que aún muestra esa confianza en sus propias destrezas se ha reducido a menos del 18%. Esto quiere decir que, durante estos

10 o 12 años de formación en la escuela primaria y secundaria —cuando los niños deberían aprender cómo desarrollar su potencial al máximo—, en lugar de descubrir sus fortalezas y aprender a usarlas, ellos han desarrollado una multitud de limitaciones y falsas creencias acerca de sus propias habilidades.

Es increíble que ese niño que a los cinco años está seguro de poder lograr lo que sea, a los 16 años ha llegado al estado de decir: "Yo para las matemáticas soy '*re-malo*'", "Yo no sirvo para hablar en público", "Carezco de talento para el deporte", "No tengo habilidad para la música", etc. etc. Lo peor de todo es que, de ahí en adelante, ese y muchos otros niños que piensan y sienten así, terminan por conformarse con segundos lugares sin hacerse mayores cuestionamientos.

Como resultado, mucha gente nunca persigue metas y objetivos que requieran del uso de su verdadera genialidad. Se ponen metas y sueños pequeños, que no les exigen demasiado, sin entender que es imposible saber si ellas poseen o no cierta aptitud a menos que enfrenten una situación o un reto que requiera de su uso.

En otras palabras, si no tienes metas y objetivos que demanden tu creatividad, tu visión o tu capacidad para solucionar problemas, pues vas a ir por la vida pensando que no posees esas destrezas, pero no es que no las poseas, sino que nunca las has puesto a prueba ni has estado enfrentado a una situación que amerite su uso.

Entonces, lo que esta pregunta te permite hacer es descubrir ese genio que ya reside dentro de ti, identificar las habilidades que tú ya posees y que te ayudarán a alcanzar tus metas más ambiciosas.

Así que toma una libreta y date a la tarea de identificar y anotar todo lo que ya posees en tu arsenal de habilidades y conocimientos.

Una vez termines esta lista, léela una y otra vez. Luego, al empezar tu camino hacia la realización de tus metas, ten presente que no estás empezando de cero, que ya cuentas, en mayor o menor grado, con mucho de lo que vas a necesitar para triunfar.

5. ¿Qué nuevas habilidades necesitas aprender?

Una vez sepas con qué cuentas, el siguiente paso es descubrir qué necesitas aprender. Identificar qué nuevos talentos tendrás que desarrollar para lograr tus metas ¿Qué nuevas habilidades debes aprender para alcanzar los objetivos que te has propuesto? ¿Dónde te encuentras ahora en relación con el lugar al cual deseas llegar?

Muchas personas nunca salen tras sus metas o renuncian con la primera caída que enfrentan porque asumen que dicho revés es prueba de que ellas carecen de habilidades y destrezas para triunfar. Lo peor de todo es que creen que hay poco que ellas puedan hacer diferente a aceptar sus limitaciones y vivir lo mejor posible con el escaso talento que recibieron.

Muchos evitan esta pregunta sobre lo que necesitan aprender por miedo a descubrir qué hábitos tendrán que cambiar. Prefieren no enterarse del precio a pagar por el logro de sus sueños, sin entender que el precio del éxito es innegociable.

Warren Buffett, famoso inversor y uno de los hombres más ricos del mundo, tenía gran miedo de hablar en público cuando era joven. Hablar ante una audiencia lo aterrorizaba. Se sentía incómodo y nervioso con cualquier tipo de presentación, así solo fuera frente a un par de personas. No obstante, él sabía que esta es una de las habilidades fundamentales para triunfar en la profesión que eligió. Así que decidió invertir en sí mismo y se inscribió en el curso de Dale Carnegie, "Cómo ganar amigos e influir sobre las personas", famoso por enseñarles a los asistentes a mejorar sus habilidades y relaciones interpersonales, y ganar confianza hablando en público.

Warren cuenta que este curso fue fundamental para controlar su ansiedad, transformó su carrera profesional y fue crucial para su éxito, ya que, en el mundo de las inversiones, sobre todo cuando se habla de vender ideas o proyectos, el éxito depende, en gran medida, de la habilidad para influir en otros y persuadir. Él está seguro de que, si no hubiera tomado ese curso, su vida profesional hubiera sido muy diferente.

¿Quieres lograr tus metas, pero sabes que te hacen falta algunas de las habilidades que vas a necesitar? Sigue el ejemplo de Warren: apréndelas. Las personas exitosas no siempre triunfan porque hayan nacido con todo el talento que necesitan para salir adelante. Lo que ocurre es que ellas siempre están buscando crecer a nivel personal y profesional.

Piensa que, si no estás aprendiendo y mejorando, estás retrocediendo. La excelencia requiere de un compromiso constante. Si deseas triunfar, debes estar comprometido con tu crecimiento y estar dispuesto a pagar el precio en términos de lo que debes leer, aprender y asimilar. Invierte en libros, audiolibros, cursos en línea, mentorías y talleres que te ayuden a mejorar. Si haces esto, siempre estarás preparado para enfrentar cualquier reto que encuentres y lograr cualquier meta que desees.

Todas estas actividades expanden tu conocimiento y te ayudan a mejorar habilidades clave que impactan directamente los distintos aspectos de tu vida. El hábito de leer una hora diaria, por ejemplo, significa que leerás un libro entero en dos o tres semanas, es decir, un promedio de 20 libros al año. Es indudable que, en un mundo donde la persona promedio lee menos de un libro al año, leer 20 libros que te ayuden a aumentar tu productividad en cualquier área te dará una enorme ventaja competitiva.

6. ¿Quién puede ayudarte en tu camino hacia el logro de tus sueños?

Lo siguiente que debes identificar es quién te puede servir de modelo, de punto de referencia en tu camino hacia la realización de tus sueños. ¿Tienes un mentor, alguien de quien puedas aprender?

Hay un proverbio que dice: "Si caminas solo, irás rápido; si caminas acompañado, llegarás más lejos". Si bien es posible avanzar a gran velocidad por cuenta propia, la verdadera fortaleza radica en avanzar en comunidad, donde cada persona aporta sus habilidades y su sabiduría.

Por eso, esta pregunta te reta a considerar a quién acudirías en busca de ayuda en caso de ser necesaria. Hay dos ideas que capturan la esencia de este punto. La primera sostiene que solo el necio pretende aprender de sus propias experiencias, mientras que el sabio aprende de las experiencias de los demás. La segunda nos recuerda que, cuando dos mentes se unen, generan una tercera fuerza invisible e intangible que actúa como una tercera mente.

Sin duda, es mucho más productivo aprender de aquellos que ya han recorrido el camino que tú estás a punto de empezar y, a lo mejor, enfrentaron retos y caídas que te servirán como modelo o a manera de advertencia para evitar incurrir en los mismos errores. Esta es una forma mucho más eficiente de adquirir sabiduría. No tiene sentido ignorar las grandes enseñanzas que encontrarás en la vida y las experiencias de otros triunfadores.

Yo he aprendido mucho de las biografías de personajes como Winston Churchill, Gandi, Abrahán Lincoln, la Madre Teresa y Walt Disney. También he aprendido de grandes referentes en la industria en la cual trabajo. Autores como Norman Vincent Peale, Ken Blanchard, Eckhart Tolle y muchos otros han dejado un legado de conocimientos y experiencia que yo decidí aprovechar.

No se trata de imitar a otros o seguir caminos ya recorridos, sino de descubrir qué los ha llevado a alcanzar el éxito, aprender de sus experiencias, sus triunfos y sus derrotas para luego escribir tu propia historia.

Responder a esta sexta pregunta también te permite desarrollar un grupo de apoyo. Antes de partir hacia una gran expedición, el capitán del barco toma suficiente tiempo para seleccionar a su tripulación, porque sabe lo importante que es elegir a los colaboradores más indicados.

Hoy, tú eres el capitán de tu propia gran expedición, la cual te conducirá hacia la realización de tus metas más ambiciosas. Por lo tanto, también tú necesitas contar con un grupo asesor de expertos que respetes y admires, que apoyen tus planes y estén genuinamente entusiasmados con tu decisión de salir tras tus sueños. ¿Cómo armas este grupo de apoyo? Toma una de las metas que ya identificaste y descubre quién ha triunfado en esa misma área. ¿A quién conoces que sea un experto en dicho campo y puedas acudir a esa persona si necesitas un consejo o una opinión?

Recuerdo que, cuando empecé mi empresa, identifiqué a otros referentes de la industria que ya tenían un largo recorrido como autores y conferencistas. Contacté a algunos, compartí con ellos mis sueños y escuché sus consejos y opiniones. De ahí, surgió una gran amistad y colaboración con colegas como Brian Tracy,

Miguel Ángel Cornejo y Mark Víctor Hansen, de quienes aprendí aspectos y tendencias del mercado y la industria que me hubieran tomado largo tiempo aprender sin su ayuda.

Es posible que pienses que los expertos que tienes en mente no te van a prestar atención ni se va a tomar el tiempo para hablar contigo, pero eso tú no lo sabes; es posible que sí. Sin embargo, no lo descubrirás a menos que les preguntes.

7. ¿Cómo organizas el plan inicial para lograr tus metas?

El último paso requiere que decidas cómo organizar tu plan de acción con toda la información que has recopilado. Responder a esta pregunta debe dar como resultado las tareas y actividades que te pondrán en acción de inmediato. Es el momento de pasar de planear a implementar, a ejecutar tu plan de acción.

Si te has tomado el tiempo para responder a las anteriores preguntas con cuidado y claridad, frente a ti tienes todos los elementos que necesitas para elaborar tu plan de acción: sabes lo que quieres, tienes claro por qué lo quieres, cuándo lo quieres, qué tienes y qué necesitas, y las posibles fuentes de ayuda. Ahora, debes tomar toda esta información y traducirla en metas específicas a largo, mediano y corto plazo, junto con actividades diarias en las cuales empezar a trabajar ya mismo.

El ingrediente importante es saber priorizar, determinar en qué enfocarte y mantener la disciplina de llevar a cabo las tareas que debes realizar hasta lograr tu meta. Eso es todo. Yo tengo un sistema que me ayuda cuando tengo múltiples metas en las que deseo avanzar.

¿Tienes varias metas en las que quieres trabajar y no sabes por cuál empezar? Escríbelas, define cada una de ellas con absoluta claridad y luego establece un orden de prioridad entre ellas. ¿Cuál es la más importante, la que tendrá un mayor impacto positivo en tu vida? Si tienes problemas con esta elección, pregúntate, si supieras que solo podrás lograr una de tus metas, ¿cuál escogerías?

Una vez tienes esto claro y ya sabes cuál es tu meta primordial, el siguiente paso es convertirla en objetivos a largo, mediano y corto plazo, en tareas y actividades específicas en las cuales ocuparte de inmediato. Así que escribe la meta en otra hoja y haz una lista de todas las actividades y objetivos intermedios que te permitirán alcanzar esta meta en el tiempo que has destinado para ello. Utiliza toda la información que recopilaste respondiendo las seis preguntas anteriores.

Fíjate lo que tienes frente a ti: tu meta más importante, claramente definida; le has asignado una fecha específica y ahora tienes una lista de las tareas y actividades que te ayudará a lograrla. Ahora, lo único que necesitas es tomar acción, empezar… Comenzar a bailar. ¿Hasta cuándo? ¡Hasta que llueva!

Sin acción, nada de lo que las siete preguntas anteriores te han permitido descubrir sirve de mucho. Lo único que tienes son palabras escritas en un papel —palabras que revelan una intención, pero no tienen vida, puesto que lo único que les da vida es la acción.

Cuarta parte

Persistir, insistir y nunca desistir

*No le prestes atención
a cuántas veces has fracasado.
Quien busca un gran propósito
sabe que las caídas son inevitables.*

*Lo que importa es entender que,
cuando caigas,
de todas las opciones que tienes,
quedarte tirado es la peor,
ya que en cada levantarse
hay una enseñanza.*

—Aforismo Chickahominy

Trece

¡Rendirte o no rendirte! Esa es la cuestión

En *Hamlet*, la obra de William Shakespeare, el príncipe Hamlet se ve atrapado en una profunda crisis existencial, cuestionando el valor de la vida ante el sufrimiento y la injusticia que lo rodean. Su mente se debate entre enfrentar sus adversidades o quitarse la vida y acabar con todo. En medio de este conflicto interno, donde las decisiones más difíciles parecen insuperables, Hamlet plantea el famoso interrogante: "Ser o no ser, esa es la cuestión".

Quizá, los problemas con los que tú debes lidiar estén lejos de ser la angustia existencial que Hamlet enfrentaba o sean tan amenazadores como la sequía que azotaba a los Powhatan, pero lo cierto es que, cuando sufres una caída o cuando el camino se pone más duro de lo que habías anticipado y estás pensando en tirar la toalla, debes encarar un dilema similar: ¿Rendirte o no rendirte...? Esa es la cuestión.

Todo ser humano que se halla ante una crisis profunda, que cree haber explorado todas las opciones y está a punto de renunciar, confronta esta misma disyuntiva: ¿rendirse o seguir adelante?

Sin duda, en muchas ocasiones, darse por vencido parece la opción más fácil. Yo he visto cientos de personas renunciar a sus metas y propósitos ante la primera dificultad. Dejan atrás sueños que juraron jamás abandonar y, cuando les pregunto qué las llevó a desistir, casi siempre escucho las mismas tres razones: circunstancias adversas, falta de apoyo o perdieron el ánimo para seguir adelante.

Los Powhatan saben que cualquiera de estos tres motivos es capaz de vencer y hacer desistir a quien no tenga claro el fin que persigue. "Cuando conoces la razón de ser en tu vida y sabes hacia dónde vas", les advierten ellos a los jóvenes, "ni las adversidades ni el hecho de sentirte solo ni el cansancio podrán detener tu paso. Tener claro el sentido de tu vida es más fuerte que todas esas sombras juntas y es lo único que necesitas para persistir, insistir y nunca desistir".

Los siguientes proverbios Powhatan dan cuenta de cómo evitan ellos caer en estas trampas: las adversidades, la falta de apoyo y el desánimo.

1. A pesar de las piedras que encuentra a su paso, el río siempre sigue su marcha.

Las circunstancias adversas que encuentras a tu paso son como las piedras en el río. En lugar de quejarte de ellas o permitir que te detengan, aprende a fluir con cada desafío que surja en tu camino. Los Powhatan ven los problemas y las adversidades como eventos temporales que son parte de la vida y no como una señal de que lo mejor es darse por vencidos.

Presta atención a la definición que el diccionario le da a la palabra *circunstancia:* Es aquello que, generalmente, de manera temporal, rodea o acompaña a una persona o a un hecho, ejerciendo influencia sobre ello.

Entonces, si las circunstancias son situaciones temporales ¿te parece prudente tomar decisiones definitivas —como renunciar a tus metas—, basado en condiciones transitorias?

Sin duda, cuando las circunstancias son favorables, resulta fácil avanzar sin mayor esfuerzo. Cualquiera lo hace. Sin embargo, el verdadero desafío es aprender a fluir incluso en medio de escenarios adversos. Eso lo logras cuando dejas de percibir las dificultades como obstáculos y reconoces que toda crisis tiene el potencial de convertirse en la semilla de una nueva oportunidad.

La pandemia de 2020, por ejemplo, fue una circunstancia que forzó a muchas empresas a adaptarse a nuevas tecnologías para seguir operando. Cuando estas vieron que su negocio físico se desplomaba, adaptaron su modelo de negocio hacia el comercio electrónico, rediseñando sus estrategias de marketing y ventas para sobrevivir en un entorno digital.

En muchos casos, esta decisión multiplicó los ingresos de sus negocios y les abrió nuevos mercados que antes no habían contemplado. Y pese a que la circunstancia que generó aquel cambio —la pandemia— fue un suceso temporal, hoy, muchas de estas empresas continúan cosechando los frutos de esa decisión.

Otras empresas vieron este mismo hecho como el fin de su mercado, como un golpe definitivo, un desastre del cual sería imposible recuperarse y cerraron sus puertas. Un par de años más tarde, cuando todo regresó a la normalidad y apareció toda una serie de nuevos modelos económicos de los cuales ellas pudieron ser parte, se dieron cuenta de lo precipitado de su decisión.

La lección es simple: aquellas empresas que estuvieron dispuestas a aprender y adaptarse al nuevo contexto tuvieron la agilidad suficiente para redefinir su trabajo, encontrar otras formas de ofrecerle valor al mercado, reinventarse y salir fortalecidas.

Así que deja de interpretar toda dificultad como una señal de que vas por el camino equivocado, como una indicación de que ese propósito que persigues no es para ti o que te falta preparación y lo mejor es desistir. Es posible que las adversidades estén ahí para ayudarte a crecer, a descubrir nuevas fortalezas o a reinventarte, pero esto solo ocurrirá si entiendes que el reto que enfrentas, lejos de ser un castigo del universo, es parte del camino y te ayudará a aprender y adaptarte para salir al otro lado más fortalecido.

2. En ausencia del apoyo de otros, encuentra en ti mismo la fortaleza que necesitas.

Entre los Powhatan, el trabajo en equipo siempre ha sido esencial para la supervivencia y el bienestar de la tribu. No obstante, también se ha enfatizado la importancia de la fortaleza propia, sin tener que depender por completo de los demás. Desde muy temprana edad, los jóvenes aprenden que, si carecen del apoyo de otros para superar las dificultades, deberán recurrir a su propia fuerza interior. Después de todo, en su infinita perfección, la naturaleza se ha asegurado de que dentro de cada ser humano se encuentre todo lo que necesita para lograr su propósito de vida.

"Las estrellas siguen brillando así nadie las mire", les inculcan desde pequeños, para que ellos entiendan que, aunque sentirse solos o rechazados es doloroso, lejos de quebrantarlos, este sentimiento debe fortalecerlos y hacerlos conscientes de su capacidad interna para enfrentar cualquier desafío. De ninguna manera deben permitir que la falta de apoyo apague sus sueños. Por el contrario, necesitan aprender a brillar con luz propia, pues la fuerza del individuo proviene de su propia alma y no de los demás.

Sin embargo, en esta era de redes sociales y comunicación instantánea, en lugar de buscar esa fortaleza interna de la que hablan los Powhatan, parecemos obsesionados con lograr el apoyo de todo el mundo. Les dejamos saber a nuestros amigos lo que hacemos, los sueños que deseamos realizar, las aspiraciones que nos motivan y, si no obtenemos su aprobación y apoyo, nos afligimos, sentimos que estamos solos y que nadie cree en nosotros. En ocasiones, el simple hecho de recibir un comentario negativo es suficiente para hacernos renunciar a nuestras metas.

Si tus amigos creen que te faltan talento y habilidades para emprender un negocio, y debido a esa opinión decides renunciar a tu sueño de ser empresario, es crucial que tengas esto claro: si hoy ese sueño aún no se ha hecho realidad, no es porque carezcas de la capacidad para lograrlo, sino porque permitiste que la opinión de otros tuviera más peso que tu propio juicio. Evita utilizar la falta de apoyo de tu familia o tus amigos para excusar tu falta de acción;

deja de pensar o decir que fue la poca fe de otros en ti la que te robó tu sueño de ser empresario. La culpa no fue de ellos. El verdadero problema fue tu falta de compromiso para con tu sueño.

Fantástico si cuentas con el apoyo de los demás, pero entiende que ese no es un ingrediente esencial para sacar adelante tus proyectos. Es natural desear sentirte apoyado. El problema es cuando pasas de disfrutar de la aprobación de los demás a necesitarla. Eso sí es peligroso.

Cuando los Powhatan les dicen a sus jóvenes que las estrellas brillan con su propia luz, aunque no siempre sean vistas, quieren enseñarles que, para triunfar, ellos tienen que saber tomar decisiones propias, independientes de las opiniones y críticas ajenas o de contar o no con el apoyo de los demás.

Si tú crees en tus sueños y estás dispuesto a hacer tu mejor esfuerzo por verlos hechos realidad, entonces, lo que otros piensen al respecto es irrelevante. Así todos a tu alrededor te den la espalda, te critiquen o se burlen de ti, tu opinión, tus expectativas y tu compromiso es todo lo que necesitas para empezar a trabajar en tus metas.

Un gran ejemplo de esto es la manera en que Steve Jobs respondió en 1985, cuando fue despedido de Apple, la empresa que él mismo fundó. ¿Te imaginas cómo debió sentirse?

En ese momento, Steve Jobs tenía 30 años y era el motor creativo y líder visionario de la compañía. Jobs contaba que se sorprendió por la forma en que se desarrollaron los acontecimientos. Se sintió herido y traicionado por la junta directiva y en especial por John Sculley, quien llegó a Apple para apoyarlo, pero terminó alineándose con los directivos que querían tomar el control de la empresa.

Por supuesto que, en un principio, Steve Jobs experimentó una sensación de fracaso personal y profesional, pero, aunque fue un golpe duro, él no se dejó consumir por la frustración. Muy pronto, comenzó a reflexionar sobre cómo aprovechar esa oportunidad para empezar de nuevo y aprender de los errores cometidos. "A veces, la vida te da una patada en la cara, pero debes mantener la fe", comentó, refiriéndose a aquel suceso.

Así que, en lugar de quejarse de lo injusto de esa situación o de jugar el papel de víctima, Jobs se puso a trabajar de inmediato en su siguiente proyecto. Ese mismo año, fundó una nueva empresa llamada NeXT, con la cual desarrolló estaciones de trabajo de alto rendimiento dirigidas a instituciones educativas y empresas, y al año siguiente, compró por $10 millones de dólares una pequeña división de Lucasfilm, que después se convertiría en Pixar, el estudio de animación más exitoso del mundo. Allí, produjo su primer gran triunfo: *Toy Story*.

Esta adquisición resultó ser una de sus decisiones más exitosas, ya que Pixar pasó a revolucionar la industria del cine de animación. Más tarde, la empresa sería adquirida por la Corporación Disney por más de $7.000 millones de dólares, lo que hizo de Jobs un multimillonario y un importante líder en la industria del entretenimiento.

Es evidente que Steve Jobs encontró en esa crisis inicial —ser despedido de su propia empresa— un nuevo comenzar. Eso es lo que sucede cuando, en lugar de quejarte y preocuparte de lo que los otros hacen o dejan de hacer, te ocupas de los retos que encuentras y los conviertes en oportunidades.

Lo más interesante de todo es que, poco más de 10 años después de ser despedido, Apple adquirió NeXT por más de $400 millones de dólares, lo que significó el regreso de Jobs a la empresa. Desde ese momento, Jobs fue de nuevo el CEO y comenzó a transformar Apple, llevando a la compañía a una nueva era de innovación, con productos como el iMac, el iPhone y el iPad, los cuales la convirtieron en una de las empresas más valiosas del mundo.

Yo sé que, en ocasiones, las circunstancias y los problemas son dolorosos y causan ansiedad y hasta desesperación. Aun así, cómo te sientas depende de cómo decidas actuar: ¿te vas a lamentar o vas a resolver la dificultad que tienes frente?

3. Si corres tras tu meta y te sientes desfallecer, camina. Si no puedes caminar, arrástrate, pero nunca te detengas.

La desmotivación es un reto que todos enfrentamos en algún momento. Sin embargo, los Powhatan saben que es peligroso permitir que el logro de tus metas dependa de tus estados de ánimo. Hay cosas que debes hacer ya mismo y no pueden esperar hasta cuando te sientas motivado para entrar en acción.

La trampa en la que muchas personas caen es que se han condicionado a creer que estar animadas es requisito para actuar y que, si están desmotivadas, lo mejor es esperar a que regrese el ánimo antes de seguir adelante. Sin embargo, es tu nivel de compromiso el que debe moverte, sea cual sea tu estado de ánimo. Las emociones suelen ser pasajeras y cambian de un momento a otro, como para permitir que tu éxito dependa de ellas. El desánimo, la frustración, el cansancio y la desmotivación jamás deben ser más fuertes que tu compromiso para con tus metas.

Ten presente que no todos los días te levantarás animado a dar tu mayor esfuerzo. Aun así, debes hacerlo. Por supuesto que es fácil navegar cuando el viento está a tu favor, pero ¿qué haces si está en tu contra? ¿Paras y te das por vencido? ¡No! Redoblas tu esfuerzo hasta llegar a tu destino, con o sin la ayuda del viento.

El problema es que, muchas veces, nos desanimamos con facilidad. Perdemos la motivación porque sentimos que no estamos avanzando tan rápido como quisiéramos. El cansancio nos vence debido a que, pese a trabajar duro, nuestro esfuerzo no está dando mayores frutos. Y al no saber cómo lidiar con esos momentos de flaqueza, optamos por interpretarlos como una señal de que debemos parar. Pensamos que lo mejor es posponer todo, dejarlo de lado por un tiempo o renunciar de una vez por todas a nuestros planes.

Es entonces cuando nuestro desánimo logra convencernos de que, para seguir adelante necesitamos, antes que nada, recobrar la motivación, ya que esta es la que genera movimiento. Sin embargo, esto es relativo. A veces, incluso cuando te sientes desmotivado, ponerte en movimiento y dar un paso más es todo lo que necesitas para recuperar tu entusiasmo. En otras palabras, rehúsate a tener que esperar a estar motivado para actuar. Más bien, muévete y verás cómo ese esfuerzo adicional te ayudará a superar el bloqueo y a recuperar la energía que necesitas para llegar a tu destino.

Para evitar caer en estas tres trampas, los Powhatan comprenden que, cuando ellos tienen claro hacia dónde van, el viento siempre soplará a su favor y no se perderán, incluso en medio de la oscuridad.

Las adversidades, la falta de apoyo y el desánimo se vuelven más manejables porque tu determinación y visión te guían. Tener claridad sobre tu destino y el propósito detrás de tus acciones te da la fuerza para superar los momentos difíciles, te ayuda a mantener el enfoque en tus objetivos y te permite avanzar con confianza, sabiendo que cada paso que das te acerca a tu propósito.

Tiene sentido. Cuando estás totalmente enfocado en lograr tu meta, las circunstancias pierden importancia. Todo lo que ves es tu meta. Nada te distrae ni te frena. Caminas con confianza, con seguridad y entusiasmo porque sabes que estás trabajando en los sueños y los objetivos que tú mismo escogiste hacer realidad. Sientes que nada te detendrá de lograr tus propósitos. Así es como debe ser.

Pero cuidado, si apartas tus ojos de tu meta, si comienzas a pensar en lo que los demás digan u opinen, si decides escuchar a esa vocecita pesimista que llevas dentro y a veces te dice "Detente", "¿Tú sabes lo que estás haciendo?", "Espera un par de meses más…", lo más probable es que termines abandonando tus esfuerzos por llegar a la meta.

Esta lucha contra la idea de renunciar y darnos por vencidos es una batalla interna que todos enfrentamos en algún momento, en particular, si las dificultades parecen insuperables. Porque lo que está sucediendo es que los obstáculos y las dificultades te han nublado la visión de lo que en un principio te impulsó a comenzar ese camino. Conectar de nuevo con tu "porqué" te dará la fuerza para seguir adelante.

Sin un porqué claro es fácil perder el rumbo o desmoronarse cuando las circunstancias se tornan difíciles. Pero cuando tienes una conexión profunda con tu propósito, incluso los momentos de desesperanza son un impulso para avanzar, las incomodidades se hacen más tolerables y encuentras significado incluso en las luchas más duras.

En momentos así, te aconsejo escribir las razones por las que estás persiguiendo tus objetivos. Hazlo de manera libre, sin pensar demasiado ni juzgarte. A veces, las palabras escritas contribuyen a clarificar nuestros pensamientos y emociones. De modo que visualiza de nuevo el futuro que quieres construir. Imagina cómo se verá tu vida cuando hayas alcanzado tus metas.

Hace unos años, durante una mentoría, trabajé con Carlos, un empresario que acababa de sufrir un ataque cardíaco. Su médico le había advertido que debía realizar cambios significativos en su estilo de vida. Tendría que modificar su dieta, hacer más ejercicio físico y abandonar ciertos hábitos que lo estaban perjudicando.

Carlos había empezado con gran entusiasmo a hacer esos cambios, pero fue perdiendo poco a poco su motivación. Además, sentía que sus amigos, lejos de ayudarlo, lo hacían caer en los mismos hábitos perjudiciales que ocasionaron sus problemas de salud. De modo que, cuando me contactó, estaba a punto de tirar la toalla y resignarse a su suerte.

Le pedí que identificáramos su porqué, la razón que lo mantendría motivado con los cambios que necesitaba realizar. Al comienzo, salieron razones que no motivarían a nadie: perder peso, controlar el azúcar y el colesterol, y otras cosas por el estilo. Entonces, le pedí que encontráramos las razones reales y profundas que lo habían llevado a cambiar todo aquello que ahora estaba a punto de tirar por la borda.

Después de un buen rato, le pedí que leyera en voz alta lo que había escrito:

Estoy comprometido con mantener una salud óptima porque quiero disfrutar de la vida con mi familia. Me niego a que mis hijos me vean derrotado por una enfermedad. Quiero ser un ejemplo de lucha y fortaleza para ellos, estar presente en su vida durante muchos años, verlos crecer y acompañarlos en sus momentos importantes.

Visiblemente conmovido por sus propias palabras, Carlos retomó su propósito de tener una salud óptima. Reencontrar su porqué le dio la fuerza que necesitaba para hallar de nuevo el camino. Volvió al gimnasio, reanudó su dieta y continuó comprometido con su nuevo estilo de vida.

Tu porqué es mucho más que una motivación transitoria. Es la esencia de tu esfuerzo y determinación. Al conectarte de manera profunda con tu propósito encuentras la fuerza para seguir adelante, incluso cuando esa vocecita pesimista que habita en tu mente quiera convencerte de que lo mejor es renunciar.

Para los Powhatan, la única manera de persistir, insistir y nunca desistir es mantenerse siempre enfocados en su porqué. ¿Y tú? ¿Qué quieres que llueva en tu vida? ¿Has pensado en ello? ¿Lo tienes claro? Si no es así, date a la tarea de descubrirlo, de encontrar tu porqué. Si ya lo tienes claro, enfoca tu mirada en ello y sigue bailando hasta que llueva.

Catorce

Fracaso no es sinónimo de fracasado

Como la gran mayoría de las culturas indígenas, los Powhatan, lejos de considerar el fracaso como algo definitivo, lo perciben como parte de un proceso continuo de aprendizaje; es un ciclo natural de prueba, error y crecimiento. Desde niños, ellos aprenden que todo en la vida es cíclico y que los errores son una parte normal del viaje de todo ser humano.

De hecho, en el lenguaje Powhatan, la palabra fracaso es definida como un desafío para adaptarse y aprender; implica un momento para la reflexión profunda, para la meditación y el entendimiento interno, y lejos de ser considerado vergonzoso, el fracaso es visto como parte fundamental del proceso de convertirse en una persona sabia y respetada dentro de la tribu.

Por esta razón, en su cultura abundan mucho más los proverbios y adagios sobre el fracaso que sobre el triunfo y las victorias. Ellos son conscientes de que, a lo largo de la vida, las personas enfrentan más fracasos que éxitos y saben que, cuando uno cae, de todas las opciones disponibles, quedarse tirado en el suelo es la peor. Por eso, priorizan cuando se trata de enseñarles a los jóvenes cómo afrontar las caídas y evitar las trampas que les impidan aprender las valiosas lecciones que trae consigo la adversidad.

La primera de estas trampas es ser demasiado rápidos en describir ciertas situaciones como fracasos. Ver cualquier tropiezo, por pequeño que sea, como un fracaso, es una manera segura de empeorar la situación. Sin embargo, debido a su poca madurez, muchos jóvenes e incluso algunos adultos tienden a darles proporciones gigantescas a tropiezos que en verdad son triviales.

Una caída es una caída. Nada más. Ningún evento constituye toda tu realidad. Las fallas son parte de la vida. Cuando fracases en algo que estés queriendo lograr, lo más sensato es levantarte e intentarlo de nuevo.

De hecho, muchas veces, las caídas son portadoras de buenas noticias. "El fracaso es casi siempre el comienzo de un nuevo camino", advierte un proverbio Powhatan. Cada adversidad y cada error es una oportunidad para reflexionar, renovarse, hacer cambios y continuar el viaje. Y así caigamos siete veces, lo único que debemos hacer es levantarnos ocho.

Hoy, muchas personas son demasiado rápidas en catalogar cualquier revés como un fracaso rotundo, sin notar que, al hacerlo, terminan tomando decisiones apresuradas. Por ejemplo, empiezan el negocio con el que siempre soñaron, pero si las primeras interacciones con sus clientes son infructuosas, de inmediato asumen que empezar su empresa fue una mala decisión; concluyen que no tienen ningún talento para los negocios y renuncian a la idea de emprender.

Lo peor de todo es que, tan absortos están en su aparente derrota que ni siquiera se detienen a evaluar cuáles fueron las causas reales de su caída, de modo que no aprendieron nada. Renunciaron a su sueño sin tan siquiera saber por qué. Eso sí es un verdadero fracaso.

Otra gran trampa en que algunos caen es creer que sus fracasos son maquinaciones de la vida jugándoles una mala pasada. Es el destino ensañado en contra de ellos. Sin embargo, los Powhatan saben que el universo no tiene hijos predilectos a los que premia y otros a quienes castiga a su antojo.

Por eso, insisten constantemente en que los jóvenes comprendan que tanto los premios como los castigos son consecuencia directa de sus propias acciones. Todos y cada uno de ellos son responsables de lo que cosechen, ya que son ellos quienes han sembrado esas acciones. Muchas de sus derrotas provienen de hábitos adquiridos, de conductas inadecuadas o son consecuencia directa de su manera de actuar.

Así que los ancianos de la tribu tienen poca paciencia con aquellos jóvenes que suelen quejarse con el consabido "¿Por qué a mí?", "¿Por qué siempre me sucede lo mismo?", "¡Que mala suerte la mía!", "¿Qué he hecho para que la vida me trate tan mal?". Cuando escuchan tales insolencias, enseguida le recuerdan a quien las dijo que la naturaleza no tiene preferidos ni menospreciados y que una caída es una invitación a examinar su interior y a analizar qué necesitan cambiar para mejorar y crecer.

Aún hoy, muchos caen con frecuencia en esta misma trampa. Si las cosas no se dan como ellos esperaban, miran con desconsuelo al cielo y gritan ¿por qué a mí?, como si su impase hubiese sido un castigo de Dios o una mala jugada del destino.

Entonces, se desentienden por completo de toda responsabilidad personal por lo ocurrido. Se niegan a aceptar que en la vida no hay errores, solo lecciones que hay que asimilar y, si las ignoran, estas seguirán presentándose de distintas maneras hasta que ellos decidan aprenderlas.

El problema es que, con tal de evitar autoevaluarse y descubrir qué están haciendo mal y qué está produciendo los pobres resultados que ellos obtienen una y otra vez, hay quienes prefieren buscar culpables a su alrededor: es la envidia de los demás, son las circunstancias que no los han favorecido, es la falta de apoyo de su familia, es el universo que es injusto… Y así, terminan viendo sus caídas y fracasos, no como eventos que ellos han causado, sino como injusticias del destino.

Por eso, deja de interpretar tus caídas como una desgracia que no debió tocarte en suerte, pero que por algún motivo cayó sobre ti. Si caes en esta trampa de verte como víctima, estás renunciando a tu responsabilidad de encontrarles soluciones a tus problemas y tan solo te estás limitando a buscar culpables.

Cuando te desentiendes de tu responsabilidad por tus problemas financieros, tus pobres relaciones con tus hijos o tu pareja, tu baja autoestima, tu sobrepeso, tu infelicidad o por cualquier otra situación que necesites mejorar, estás renunciando a la posibilidad de ver cualquier cambio positivo en tu vida.

La tercera trampa de la que los ancianos Powhatan advierten a sus jóvenes es cometer el error de creer que fracaso es sinónimo de fracasado. Ellos saben que, cuando alguien fracasa, es fácil caer en la trampa de tildarlo como un fracasado, de creer que esa persona y el fracaso que acaba de enfrentar son uno solo. Lo cierto es que una caída, por aparatosa que sea, es solo un evento y jamás define la totalidad de ningún ser humano.

"Gracias a que el árbol se dobla con el viento, evita quebrarse durante la tormenta". Con este ejemplo de la naturaleza, los Powhatan les enseñan a sus jóvenes que un árbol doblado, lejos de ser una señal de debilidad, es una muestra de fortaleza y resiliencia, y que, de la misma manera, un fracaso no hace de nadie un fracasado.

En el mundo actual, este mensaje es más relevante que nunca. Con la popularidad de las redes sociales, nuestra disposición a asumir riesgos o emprender proyectos con una alta probabilidad de fracaso ha disminuido. Tememos que los demás se enteren de nuestras caídas y que estos pobres resultados desencadenen burlas y críticas.

Aquel viejo refrán que dice que, "si al primer intento no triunfas, inténtalo una y otra vez hasta lograrlo", parece haber sido reemplazado por una mentalidad más cínica: "Si fracasas en tu primer intento, borra toda evidencia de que siquiera lo intentaste".

En cierta ocasión, hablando de este tema en uno de mis seminarios, le pedí a la audiencia que levantaran la mano los fracasados. Como es de esperar, nadie la levantó. Al contrario, confundidos, muchos se miraban los unos a los otros, sintiéndose claramente ofendidos con mi pregunta. Por supuesto, yo había hecho esto a propósito, sabiendo que los presentes reaccionarían de esa manera y que algunos se sentirían insultados, pero era un riesgo que debía tomar para que quedara clara la idea que quería comunicar.

Después de unos segundos, cambie la pregunta: "Levanten la mano las personas que alguna vez en su vida han fracasado en algo que hayan intentado". Esta vez, la gran mayoría de ellas decidió levantarla. La diferencia quedó claramente establecida: caer una, 10 o 100 veces de ninguna manera significa que uno sea un fracasado. Todo depende que cómo uno enfrente sus caídas.

Si alguna vez has comido en uno de los restaurantes de Kentucky Fried Chicken (KFC), es posible que te llame la atención el hecho de que, de acuerdo con el coronel Harland Sanders, su fundador, esa receta de pollo frito que saboreaste fue rechazada 1.009 veces antes de que Sanders encontrara un restaurante dispuesto a implementarla.

A lo largo de su vida, Sanders enfrentó una gran cantidad de fracasos antes de lograr el éxito rotundo con su receta de pollo frito. En 1930, él abrió un pequeño restaurante junto a una gasolinera y, usando una mezcla única de 11 hierbas y especias, comenzó a perfeccionar la receta de pollo frito que lo haría famoso más tarde. En cuanto al restaurante, a mediados de la década de 1950, su situación financiera se deterioró tanto que se vio obligado a venderlo.

A pesar de eso, Sanders no abandonó su sueño de llevarle su receta de pollo frito al mundo. Así que, en lugar de rendirse, decidió reinventarse: recorrió el país visitando infinidad de restaurantes, pidiéndoles a sus dueños que se convirtieran en franquiciados de su receta secreta de pollo frito. Pese a que la mayoría de ellos no mostró ningún interés en su propuesta, Sanders no se dio por vencido.

En 1952, después de más de 1.000 rechazos, al fin encontró a un franquiciado dispuesto a darle una oportunidad a su receta. Pete Harman, dueño de un restaurante en Utah, probó el pollo frito de Sanders, quedó impresionado con el sabor y acordaron abrir una franquicia bajo el nombre de Kentucky Fried Chicken (KFC). El restaurante fue un gran éxito y el coronel Sanders comenzó a expandir su franquicia a gran velocidad. Diez años más tarde, había logrado establecer más de 500 franquicias en los Estados Unidos y KFC se convirtió en una marca reconocida a nivel mundial.

La historia del Harland Sanders es un claro ejemplo de que fracaso no es sinónimo de fracasado. El hecho de que él comenzara a tener éxito pasados sus 60 años, una edad en la que muchas personas están pensando en la jubilación, y que haya tenido que afrontar el fracaso de su restaurante y los múltiples rechazos que recibió a lo largo de su camino al éxito, son prueba de que la perseverancia ante la adversidad convierte cualquier caída en oportunidad.

¿Qué lecciones puedes aprender de esta historia?

Primero que todo, cuando experimentes una caída, por terrible que parezca, piensa: "Esto no quiere decir que soy un fracasado, solo significa que debo continuar buscando los resultados que deseo obtener". Pensar así es vital, ya que la interpretación que hagas de cualquier adversidad tiene un efecto categórico en tu autoestima y puede ser el comienzo de una espiral autodestructiva. Porque, si interpretas una caída como señal inequívoca de tu ineptitud, lo más probable es que comiences a verte como un inepto y a actuar como tal. El resultado será que, entre más incapaz te sientas, más incompetente te percibirán los demás y así mismo te tratarán, lo cual solo confirmará lo que ya habías decretado: que eras un inepto. Así que jamás permitas que una caída te defina como persona.

Lo segundo es descubrir qué lecciones hay implícitas en esa adversidad que estás enfrentando. Recuerda que toda caída trae consigo la semilla de un éxito aún mayor. Aunque en el momento la percibas como un retroceso, en realidad es parte fundamental del crecimiento. Entonces, en lugar de quedarte atrapado en "¿Por qué me pasó esto?", es más útil preguntarte "¿Qué puedo aprender de esto?".

Identifica posibles patrones de comportamiento que necesitas corregir. Si un fracaso ocurre una sola vez, quizá fue solo una circunstancia aislada. Pero si se repite, es una señal de que hay algo que debes cambiar. Así que, toma papel y lápiz y hazle una disección a tu caída. Es posible que estés tomando decisiones impulsivas, ignorando ciertos aspectos fundamentales para tu éxito o que no estés rodeado de las personas adecuadas. Pero, cuidado, como ya vimos en un capítulo anterior, la clave es no quedarte estancado en el problema, sino pensar siempre en la solución.

Por último, ponte en movimiento una vez más. Piensa que, lo que en verdad te atemoriza acerca de la posibilidad de fracasar es la absurda idea de creer que una caída, por leve que sea, podría adjudicarte el rótulo de "fracasado". No obstante, si aprendes que una caída es solo eso, una caída; que no es el fin del mundo ni mucho menos una señal de que debes renunciar, entonces, todo lo que tienes que hacer es levantarte y continuar tu camino. Lo importante es hacerlo rápido. Muchas personas, después de un revés, se toman un año sabático, se vuelven cautelosas en extremo, evitan tomar nuevos riesgos y, al final, terminan renunciando a sus sueños.

Así que, levántate, sacúdete y, en palabras de los Powhatan, ¡sigue bailando hasta que llueva!

Quince

El lado positivo del fracaso

En el capítulo anterior, vimos que el fracaso es un gran maestro. Sin embargo, cuando acabas de sufrir una caída, es difícil pensar en el dolor, la frustración o la vergüenza que estás sintiendo en ese momento como una fuente de enseñanza.

Aun así, el pueblo Powhatan siempre ve las adversidades como regalos de la sabiduría ancestral. Ellos tienen claro que, a través de una caída, es posible encontrar el camino hacia la armonía y el perfeccionamiento.

Por supuesto, esto requiere un cambio de paradigma significativo: aceptar que los tropiezos y errores, lejos de ser fracasos definitivos, son oportunidades de aprendizaje que tienen su lado positivo. A primera vista, esta idea suele resultar difícil de asimilar, ya que nuestra reacción instintiva ante cualquier tropiezo suele ser ocultarlo o borrar cualquier evidencia de lo ocurrido. Sin embargo, transformar esta mentalidad nos permite asumir más riesgos, estimular nuestra creatividad y, sobre todo, avanzar con confianza.

Ese fue el caso de José Hernández, un joven de origen mexicano quien, en 2004, vio premiada su tenacidad al convertirse en astronauta de la NASA y ser parte de la nueva generación de viajeros espaciales, encargados de la misión de continuar con la incesante exploración del universo. Para él, convertir su sueño en realidad le significó trabajar con determinación y empeño durante muchos años, sin ver mayores resultados.

José nació en California y es hijo de padres que emigraron a Estados Unidos en busca de un futuro mejor. Pasó gran parte de su infancia en lo que él llama el "Circuito California", trabajando al lado de su familia en la recolección de frutas y verduras en fincas y haciendas. Cada febrero, llegaban desde México al sur del Estado y comenzaban a cosechar fresas, uvas, remolachas y pepinos en diversas granjas a lo largo de la ruta. Su recorrido solía terminar alrededor del mes de noviembre en Stockton, al norte del Estado. De ahí, regresaban a México para celebrar la Navidad y el siguiente febrero iniciaban de nuevo el circuito.

Era una vida bastante nómada, mudándose con frecuencia de una localidad a otra después de terminar cada cosecha. Cuando llegaban a una nueva ciudad, él y sus hermanos eran inscritos en la escuela local, algo que ocurría varias veces al año. José recuerda que, de niño, el trabajo en el campo era agotador y había pocos incentivos para continuar con los estudios. Se levantaba muy temprano y trabajaba, junto con sus padres y hermanos, jornadas que con frecuencia terminaban casi de noche.

En su hogar y en la comunidad en la que vivían, el español era la lengua materna. Y aunque José pronto se dio cuenta de que aprender el inglés era vital para integrarse, solo a los 12 años, cuando ya estaba en la secundaria, José comenzó a sentirse más cómodo con su segundo idioma.

Un evento que cambiaría su vida fue cuando vio las borrosas imágenes en televisión a blanco y negro de los astronautas del Apolo 11 caminando en la Luna. En ese instante, él supo que quería ser astronauta. Su madre recuerda que, de niño, a José le encantaba ver la serie de televisión *Viaje a las estrellas*. Esa era su manera de mantenerse conectado con su sueño.

Un día, mientras se encontraba trabajando en sus tareas habituales en una granja cerca de Stockton, José escuchó por radio que Frank Chang Díaz, un hispano de origen costarricense, había sido seleccionado para prepararse como astronauta. Desde ese momento, Frank se convirtió en su fuente de inspiración.

Para José era claro que la única manera de lograr su sueño era a través de la educación, así que, después de terminar la secundaria, decidió estudiar ingeniería y, en 1984, obtuvo su título de ingeniero eléctrico.

Después de graduarse, trabajó en varias empresas de tecnología, pero sin olvidar su propósito de convertirse en astronauta de la NASA. Sabía que, para lograrlo, necesitaría más educación y experiencia, de manera que tomó dos decisiones estratégicas importantes: la primera, fue hacer una maestría en ingeniería eléctrica en la Universidad de California; la segunda, fue empezar a trabajar en el Laboratorio Nacional Lawrence Livermore, donde se especializó en la simulación de vuelo de misiles y en la investigación en tecnologías espaciales.

Esta experiencia fue fundamental, ya que la NASA buscaba candidatos con excelente formación académica, pero también con experiencia práctica en campos relacionados con la tecnología y el espacio. Esto le dio la confianza de empezar el proceso de postularse a la NASA y lograr su tan anhelado sueño.

El camino fue largo y presentó numerosos retos, pero su firmeza y tenacidad nos revelan tres grandes lecciones que confirman que es un hecho que todo fracaso tiene su lado positivo.

Primera lección: El fracaso te deja ver qué tan profundo es tu compromiso para con esas metas y objetivos que dices querer alcanzar.

Es fácil afirmar que estás comprometido con tus metas y que lucharás hasta hacerlas realidad. Sin embargo, el fracaso es la verdadera prueba de tu determinación. Si una caída es suficiente para que abandones tu objetivo, es claro que tu compromiso era muy débil.

Ahora bien, y si en lugar de una, son dos o tres derrotas, ¿seguirás igual de firme? O qué tal si, como fue el caso de José, ¿recibes 11 rechazos? ¿Insistirías durante 12 años hasta lograr lo que quieres?

Porque, al comienzo de un proyecto, es posible creer que nada te detendrá, que jamás renunciarás a tu sueño, pero cuando caes una y otra vez, es natural que comiences a desanimarte y a dudar de tus habilidades. En ocasiones, llegas a creer que el mundo entero está en contra tuya o concluyes que tantos reveces son una señal de que Dios te está indicando que esa meta no es parte de tu propósito de vida. Todo esto debilita tu nivel de compromiso y puede inclusive hacerte desistir.

Sin duda, los fracasos te muestran de qué madera estás hecho y qué tan comprometido estás con tus metas. En el caso de José, el proceso de selección de cada nueva generación de astronautas es bastante competitivo. Cada año, se presentan alrededor de 3.000 a 4.000 candidatos que llenan los requisitos necesarios para ser tomados en cuenta. De ellos, seleccionan a los 300 mejor calificados y de ahí escogen a 100 finalistas.

A este grupo selecto se le invita a pasar una semana en las instalaciones de la NASA, donde los aspirantes son entrevistados y sometidos a rigurosos exámenes físicos y sicológicos. De ahí, se escogen a los 10 o 15 astronautas que formarán parte del equipo de viajeros espaciales de la NASA.

Pero fíjate que esta filosofía de *no parar de bailar hasta que llueva* no está presente en la mentalidad de todos los 4.000 candidatos que aplican al comienzo del proceso de selección. Las estadísticas lo confirman: el 80 % de los aspirantes que son rechazados en su primer intento no vuelve a presentarse en futuras convocatorias. Sin embargo, ese no fue el caso de José, quien, inclusive cuando pensó en tirar la toalla, decidió persistir y mantenerse firme en su propósito.

Él cuenta que, después de cada rechazo, como era de esperarse, se sentía frustrado y deprimido. Sin embargo, aprendió a salir rápido de esos bajones emocionales, reflexionando sobre qué era lo peor que podría pasar si nunca lo seleccionaban.

Se repetía a sí mismo que su deseo de ser astronauta lo había motivado a ir a la universidad, a obtener su maestría en ingeniería, a trabajar en un centro de investigación de primer nivel, a convertirse en piloto y buzo, a estudiar un tercer idioma. Si todo esto era su premio de consolación, era magnífico, si lo comparaba con los trabajos de su juventud, recogiendo frutas y verduras en el campo, de sol a sol. Esa idea le recordaba cuál era su propósito y le daba la fuerza para insistir una vez más.

Segunda lección: Las caídas te dejan claro que el miedo al fracaso es más perjudicial que el fracaso mismo.

En su camino a convertirse en astronauta, José afirma que su mayor reto fue mantener la fe en sí mismo y en sus capacidades. Al respecto, él opina:

> *Cuando miras a todos los seleccionados, te das cuenta de que son personas excepcionales. Y cuando ves que tú eres el único latino, que hablas un inglés con acento, que no eres piloto, pues comienzas a dudar. Además, el no contar con los recursos financieros y venir de una familia inmigrante que proviene de un contexto socioeconómico modesto también te hace sentirte inseguro. Sin darte cuenta, te conviertes en víctima del síndrome del impostor y piensas que no vas a dar la talla… En esos momentos, tu mayor lucha es superar todos esos miedos.*

El miedo al fracaso es, sin lugar a duda, una de las emociones más poderosas y destructivas, porque, a menudo, te bloquea, te frena y te impide actuar. A decir verdad, este temor es mucho más perjudicial que el fracaso mismo, ya que, mientras el fracaso enseña, el miedo te paraliza.

Cuando digo que a menudo las personas se sienten paralizadas por el miedo a fracasar, me refiero a que ese temor las debilita tanto a nivel físico como mental. La incertidumbre sobre lo que sucederá si ellas no tienen éxito, las posibles críticas o el "qué dirán" las detienen de dar el primer paso.

De manera que, mientras el miedo al fracaso genera ansiedad, estrés y dudas, el fracaso, aunque doloroso en el momento, enseña lecciones valiosas. A través de él, las personas aprenden sobre sí mismas, sus habilidades y lo que están buscando. En lugar de ser el final, el fracaso se convierte en un paso crucial en el camino hacia el éxito.

El miedo al fracaso impide crecer y mejorar, ya que está ligado a un deseo de evitar el dolor o la vergüenza que se asocian con no tener éxito. Esta aversión al dolor lleva a las personas a evitar desafíos que las saquen de su zona de confort. Sin embargo, permanecer ahí es elegir un lugar en el cual no se crece. De manera que, si siempre evitas la posibilidad de fracasar, también estás evitando las experiencias que te llevarán a descubrir nuevas habilidades y a encontrar soluciones creativas a tus problemas.

Solo cuando tomas conciencia de que el fracaso es parte del proceso, comienzas a controlarlo. Cada vez que caes y te levantas, aprendes algo valioso que te acerca más a tus metas. Solo cuando enfrentas tus retos en lugar de evitarlos, aprendes a recuperarte de las caídas y las dificultades. Pero si te dejas abrumar por la necesidad de tomar la decisión perfecta o por el miedo a cometer un error, y decides no hacer nada, esa inactividad es mucho más perjudicial que el fracaso, porque te impide avanzar y te condena a quedarte en el limbo de la incertidumbre y la duda.

José concluyó que, aunque es natural temerle al fracaso, es posible usar ese temor como una fuente de motivación. En lugar de paralizarse, él veía el miedo como un desafío que lo impulsaba a mejorar y a seguir adelante.

No cabe duda de que es preferible intentarlo y aprender de los errores que quedarse estancado en la duda. De hecho, muchos de los emprendedores más exitosos han fracasado decenas de veces antes de encontrar el éxito, pero ellos tomaron la decisión de crecer y ser más sabios después de cada intento fallido.

Otra razón por la que el miedo al fracaso es peor que el fracaso mismo es que, casi siempre, lo que más lamentamos no es lo que hicimos, sino lo que dejamos de hacer, las oportunidades perdidas y la sensación de haber utilizado solo una pequeña parte de todo nuestro potencial. Un fracaso puntual, aunque doloroso, tiene un cierre y se puede superar. Por otro lado, el arrepentimiento de no haberlo intentado nunca se convierte en una fuente de frustración constante durante el resto de la vida.

Como con cualquier otra persona que persigue metas ambiciosas, el miedo al fracaso estuvo presente en la vida de José Hernández. En su autobiografía, él comenta que, cuando recibió el rechazo inicial de la NASA, sintió un golpe emocional fuerte, pero en lugar de dejarse paralizar y vencer por el miedo, él decidió usar aquella experiencia frustrante para trabajar aún más duro en su preparación. Para José, el fracaso jamás significó que todo estaba perdido, sino que había oportunidades para crecer, aprender y mejorar. Él entendió que el miedo al fracaso no le impediría intentar las cosas una vez más y que debía ser visto como una señal de que estaba desafiando y expandiendo sus propios límites.

Tercera lección: El fracaso te permite identificar qué habilidades debes mejorar y qué destrezas aún te hacen falta para lograr tus objetivos.

Los Powhatan tienen claro que el fracaso es una prueba decisiva para evaluar si una persona es capaz de persistir y aprender de sus errores. Es una parte del proceso de convertirse en una persona sabia, ya que señala con claridad qué le falta por aprender para encontrar de nuevo el camino al éxito.

No se trata de persistir haciendo lo mismo, esperando resultados distintos, sino de mejorar después de cada caída. El fracaso te coloca en una posición en la que es imposible esconder tus debilidades. Te permites ser vulnerable, pides ayuda cuando la necesitas y reconoces que no tienes todas las respuestas. La humildad, entonces, se convierte en una fortaleza, ya que te da la oportunidad de abrirte a recibir apoyo de otros.

Las caídas te invitan a hacer un autoexamen sincero de tus decisiones y acciones. Al analizar lo que falló, tienes la oportunidad de identificar qué debes cambiar la próxima vez. En tal sentido, cada caída es una retroalimentación valiosa, si aprendes de ella. La clave está en no repetir los mismos errores y en tomar responsabilidad de tus acciones.

Esta es una de las grandes enseñanzas que trae consigo el fracaso: te reta a salir de tu zona de comodidad, a tratar diferentes opciones y a forzarte a pensar en alternativas que de otro modo no habrías evaluado. Sin esa presión, tiendes a seguir las mismas estrategias, pero cuando fallas, te ves obligado a innovar y probar nuevas formas de hacer las cosas.

En sus primeros intentos, José no fue seleccionado porque no tenía una formación del todo alineada con lo que la NASA buscaba. A veces, las razones eran una cuestión de competencia, ya que había miles de solicitantes y solo unos pocos eran seleccionados. Otras veces, la agencia buscaba perfiles específicos que no coincidían con su experiencia.

Durante esos años, de fracaso tras fracaso, José utilizó esos rechazos como lecciones para mejorar su perfil personal y profesional. Continuó acumulando experiencia en el área aeroespacial de acuerdo con las cambiantes necesidades de la NASA, aunque siempre manteniendo su enfoque en su objetivo. En 2001, después de su décimo rechazo, José aceptó una oferta para trabajar en el Centro Espacial Johnson de la NASA y participó en varios proyectos relacionados con vuelos espaciales y la investigación de sistemas de satélites. Su trabajo le permitió tener una buena comprensión de los procesos y las exigencias del trabajo espacial.

Todos estos años de rechazos consecutivos le mostraron la importancia de crecer y mejorar en diferentes áreas. José trabajó en ser más asertivo y desenvolverse con mayor confianza durante las entrevistas. Se dio a la tarea de perfeccionar su inglés y aprender ruso porque sabía que este era un requisito para trabajar con la Estación Espacial Internacional que, en ese entonces, operaba en colaboración con la Agencia Espacial Rusa. También se instruyó como buzo, puesto que era un entrenamiento esencial para simular las condiciones de microgravedad y para practicar los movimientos y maniobras que los astronautas deben realizar en el espacio.

Aun así, José recuerda que, pese a que ese último rechazo lo tentó a tirar la toalla, lo único que lo detuvo de renunciar fue el sueño y propósito de vida que tuvo claro desde niño. Así que, en 2004, aplicó una vez más y en esa ocasión su perseverancia dio frutos, pues José Hernández finalmente fue seleccionado como astronauta. El 29 de agosto de 2009, formó parte de la Misión STS-128 como especialista de misión en el transbordador espacial Discovery, con destino a la Estación Espacial Internacional.

Sin duda, el camino que José recorrió para ir de jornalero a astronauta deja claro que, como los Powhatan dicen, el fracaso es un regalo de la sabiduría ancestral y cada caída debe llevarnos hacia el perfeccionamiento.

Tras su retiro de la NASA, José se ha enfocado en promover la ciencia, la ingeniería y las matemáticas entre los jóvenes latinos. Ha trabajado en diversos proyectos educativos, dando charlas y presentaciones en escuelas y universidades, buscando inspirar a las nuevas generaciones a seguir carreras en áreas científicas y tecnológicas.

Sin embargo, José tiene claro que el mensaje más importante que él tiene para darles a los miles de jóvenes que quieren escuchar de él cuál es el secreto del éxito es: "No te rindas, aun cuando todo parezca perdido, no tires la toalla, porque el éxito puede estar más cerca de lo que imaginas".

Dieciséis

Comenzar es fácil, la clave está en terminar lo que empiezas

Una hermosa metáfora señala que la vida es una maratón y no una carrera de velocidad. Esta frase nos invita a cambiar la perspectiva desde la cual vemos nuestro propósito de vida, nuestros sueños y nuestras acciones.

Se trata de tener una visión a largo plazo, de ser constantes, de disfrutar el proceso y aprender a manejar los altibajos que encontraremos a lo largo del camino en lugar de creer que el objetivo es alcanzar las metas lo más pronto posible. Quienes intentan correr demasiado rápido terminan agotados o pierden de vista lo realmente importante. Si enfrentan una caída, ellos creen que ya perdieron y que no hay nada que hacer.

Ver la vida como una maratón nos recuerda que se trata de un recorrido extenso, que requiere de planeación, preparación y paciencia. La clave, lejos de ser correr lo más rápido posible, es saber conservar la energía y mantener un ritmo constante para evitar el agotamiento. Hay que aprender a adaptarse a las circunstancias y superar los obstáculos sin perder de vista la meta.

Cuando adoptas una perspectiva a largo plazo, comprendes que el éxito no se mide por la rapidez con que terminas tus proyectos, sino por la solidez con la que los que estás construyendo. Aprendes a ser persistente cuando el camino se pone duro. Te das a la tarea de disfrutar el viaje y no solo el logro de la meta. Dejas de compararte con los demás y de darle demasiada importancia a lo que otros piensen, porque sabes que se trata de un viaje personal y que la vida es mucho más que una competencia para llegar primero.

La carrera de velocidad de los 100 metros es una competencia explosiva e intensa. Necesitas dar el máximo en un corto tiempo. Buscas un resultado inmediato sin medir las consecuencias a futuro. En los pocos segundos que dura esta breve carrera ni siquiera hay tiempo para pensar, solo para reaccionar. Tu enfoque está en el resultado inmediato. Tampoco hay espacio para equivocarte, ya que un error minúsculo te costará el triunfo, pues no tienes tiempo para recuperarte ni cambiar tu estrategia.

En la vida, esto sería similar a tomar decisiones rápidas siempre, a enfocarte en el corto plazo, sin preocuparte por los efectos a futuro. Lo que importa es la gratificación instantánea. Imagínate lo estresante que debe ser esperar que tus resultados sean siempre perfectos, porque ves los errores como algo fatal y definitivo. Eso es lo que sucede cuando crees que tu vida es una carrera de velocidad.

De otro lado, cuando entiendes que estás corriendo una maratón, que estás viviendo un proceso lleno de cambios, aprendizajes y experiencias que se desarrollan a través de los años, en lugar de esperar que todo ocurra de inmediato y a la perfección, aceptas que los momentos difíciles son inevitables y te enfocas más en disfrutar el viaje.

La maratón simboliza ese camino transformador en el que, en lugar de pensar solo en el punto de llegada, le prestas más atención a la persona en la cual te estás convirtiendo en la medida en que avanzas hacia tu meta. La visión a largo plazo te recuerda que necesitas fortaleza para resistir, para enfrentar tus miedos y perseverar a pesar de los obstáculos, los problemas y el cansancio.

Es importante tener claras todas estas diferencias entre ver la vida como una maratón o una carrera de velocidad, porque iniciar es fácil, pero la clave está en terminar lo que empiezas.

Sin insinuar que la carrera de 100 metros sea sencilla, es indudable que, entre más corta es una carrera, es mucho más factible terminarla. Aún hoy, a mis 65 años, correr una carrera de 100 metros no me resulta imposible. Tal vez, me tome más tiempo que cuando tenía 18 años, pero aún es posible, como seguramente lo es para la inmensa mayoría de quienes están leyendo estas páginas. Ahora bien, correr una maratón, eso es otra historia.

Si los Powhatan vieran su danza de la lluvia como una carrera de velocidad, se rendirían al no ver resultados de inmediato, pero ellos ven su vida, su danza y su necesidad de lluvia como una maratón. Su perspectiva del tiempo es a muy largo plazo y por eso su disposición para bailar hasta que llueva.

Hoy, muchas personas viven obsesionadas con la inmediatez. La gratificación instantánea se ha convertido en un derecho. La impaciencia ni siquiera les permite pensar en fijar metas a mediano plazo. En absoluto, hay tiempo para planear y menos para aprender de los fracasos. Por esta razón, la mayoría suele darse por vencida a la primera caída. Y en lo que a las metas y los objetivos se refiere, es muy común ver que muchos empiezan, pero pocos terminan.

La era de la comunicación instantánea ha hecho que gran parte de la gente piense que persistir dos o tres semanas en el logro de sus metas es tiempo más que suficiente para trabajar en ellas. Por esta razón, solo unos pocos están dispuestos a continuar por un par de meses, pero pídeles perseverar por uno o dos años y los pierdes a todos; eso les parece una eternidad. Porque persistir hasta terminar la carrera —o bailar hasta que llueva— es mucho más fácil cuando la carrera es corta, cuando todo marcha tal como lo esperas, el camino está libre de dificultades y las circunstancias juegan a tu favor.

¿Pero qué hacer cuando la situación se pone, no solo difícil, sino inaguantable y sientes que vas a morir si continúas un día más así? Porque existen esos momentos. Hay instantes en la vida, bien sea en los negocios, con la salud, las relaciones o las finanzas en los que parece que ya no hay nada que hacer, que fracasaste y ya nada cambiará esa realidad.

¿Qué haces entonces? ¿Tiras la toalla o sigues bailando? ¿Terminas lo que empezaste solo porque esa es la clase de persona que eres o lo mandas todo al infierno y te sientas a la vera del camino a llorar por lo injusta que ha sido la vida contigo?

En 1984, la corredora suiza, Gabriela Andersen-Schiess, nos dio la respuesta a estas preguntas. Con su manera de responder a los momentos más difíciles, ella nos enseñó lo que se requiere en ocasiones para terminar lo que hemos empezado.

Quienes tuvimos la fortuna de presenciar, en vivo o en televisión, los últimos minutos de la maratón femenina de los Juegos Olímpicos de Los Ángeles, jamás olvidaremos el valor de esta chica que sin duda tenía claro lo que significa no parar de bailar hasta que llueva.

Era la primera vez en la historia que la maratón femenina sería parte de la cita olímpica. Con 39 años, Gabriela era la mayor de las 50 competidoras de un par de docenas de países, cuya edad promedio rondaba los 27 años. Los tres países favoritos para llevarse las medallas —Estados Unidos, Noruega y Portugal— enviaron varias corredoras al evento, pero la mayoría envió solo una representante, como fue el caso de Suiza.

La carrera comenzó y, como era de esperase, las favoritas pronto se pusieron al frente y el resto del grupo empezó a rezagarse. Gabriela se quedó con uno de los grupos intermedios, pero se sentía en buena forma. Llegó a los olímpicos preparada para la carrera y, aunque no estaba entre las favoritas, llevaba 14 años corriendo y ya había ganado un par de maratones, así que lo suyo era mucho más que un simple acto de presencia. Ella sabía lo importante de esa primera maratón olímpica femenina y quería hacer un buen papel.

En sus propias palabras, la primera mitad de la carrera ocurrió de acuerdo con sus planes, pero después de los 20 kilómetros, los grupos comenzaron a desintegrarse y ella se encontró corriendo en solitario.

Un aspecto de la carrera que Gabriela nunca anticipó fue el calor agobiante de 30 grados y una humedad de más del 95%. No obstante, ella sentía que su cuerpo estaba respondiendo bien.

A 10 kilómetros del final, un descuido de Gabriela ocasionó su derrumbe: dejó pasar la última estación de hidratación, donde se les permite a las corredoras tomar agua. Este descuido la afectó gravemente en la última parte de la carrera. Los últimos dos kilómetros fueron un infierno; todo su cuerpo estaba encalambrado y ella trataba de dominar su mente repitiéndose, "falta poco, dale... un pie y luego el otro. Ya casi terminas", pero sus músculos no le respondían.

Cuando entró al estadio, estaba deshidratada y desorientada por completo, víctima del esfuerzo sobrehumano que estaba haciendo. Un fuerte calambre en la pierna izquierda le impedía moverse con normalidad, de modo que le tomó casi siete minutos para recorrer los últimos 400 metros sobre una pista sintética en medio del calor concentrado del estadio.

Al verla entrar en esas condiciones, hubo un suspiro colectivo de los miles de espectadores que se encontraban en las gradas. Gabriela caminaba, porque ya no podía ni trotar, tambaleándose, los brazos colgando como sin vida y su mirada perdida.

Tan pronto salió del túnel, los médicos de la carrera corrieron hacia ella para socorrerla, pero ella rechazó su ayuda. Si la tocaban, quedaría descalificada, de modo que ellos aceptaron dejarla seguir porque todavía sudaba, así que el peligro no era inminente, debido a que el sudor indicaba que el cuerpo aún tenía reservas de hidratación.

Zigzagueando y a punto de perder el equilibrio y caer, Gabriela corrió los últimos metros de la pista del estadio olímpico en un tiempo que a ella debió parecerle una eternidad. Los espectadores, sobrecogidos, todos de pie, la alentaban a terminar, emocionados hasta las lágrimas, viendo la entrega y tenacidad de esta mujer que se rehusaba a darse por vencida.

Yo vi estas imágenes en mi televisor con unos amigos. Todos nos paramos a centímetros de la pantalla, sin poder despegar los ojos ni querer perder un solo segundo de aquella batalla personal de la que estábamos siendo testigos. La animábamos como si ella pudiera oírnos: "¡Vamos… tú puedes! ¡Dale, campeona!", gritábamos, admirando en ella ese valor que todos quisiéramos también exhibir en nuestras propias batallas.

Joan Benoit, la norteamericana que ganó la medalla de oro en la competencia, había llegado casi media hora antes, pero eso poco importaba. Nadie recordaba quien había ganado la de plata ni la de bronce ni se había enterado de que seis de las 50 participantes ya se habían retirado sin terminar la carrera. Las imágenes que quedarían guardadas para la historia fueron la de esta mujer, cuya determinación y esfuerzo representaban la obstinación de quien está dispuesto a dejarlo todo en el campo de juego.

La imagen de Gabriela cruzando la línea de meta y desplomándose en los brazos de los médicos y los oficiales, en un estado de agotamiento total, se convirtió en un símbolo del verdadero espíritu y la voluntad inquebrantable del atleta olímpico.

Esto dijo ella varios días después, durante una entrevista:

Gracias a Dios, pude acabar. No terminar la prueba hubiera sido muy decepcionante para mí… La gente me pregunta si en algún momento pensé en rendirme. ¡Jamás! Yo sabía que, por mi edad, esa era mi única y última oportunidad de participar en unos olímpicos, así que renunciar no era una opción. Yo creo que la mayoría de las personas se identifica con eso. Quizás, ellas vieron en mi actitud que, si uno se lo propone, puede superar casi cualquier obstáculo.

¿Qué hacer para asegurarte de terminar lo que empiezas?

Hay cualidades que no son fáciles de enseñar, que deben ser aprendidas y desarrolladas desde nuestro ser interior, por convicción propia, a veces, sin ayuda ni orientación. Las adoptamos porque deseamos que sean parte de nuestro carácter, de nuestra esencia —virtudes como la tenacidad, el optimismo, la humildad, el coraje, la pasión y otras tantas.

Es posible que esté equivocado, pero creo que es imposible enseñar aquello que motivó a Gabriela a seguir bailando en eso últimos minutos de agonía en los que toda célula de su cuerpo le clamaba que se detuviera y abandonara la idea de terminar la carrera.

Esta experiencia deportiva que te cuento está disponible en las redes sociales y podrás verla con tus propios ojos y además leer el recuento de lo ocurrido, pero después, tendrás que decidir qué vas a hacer con esto que viste o leíste.

Lo que sí sé es que, aunque empezar es más de la mitad del camino, la otra mitad —terminar— es imprescindible. Claro que hay un gran mérito en dar el primer paso, en romper la inercia, superar los temores y salir de tu zona de confort, pero ¿qué harás para asegurarte de terminar lo que ya empezaste?

A continuación, quiero compartir contigo algunas de las razones más comunes que les impiden a muchos terminar lo que empiezan. Qué hagas con esa información, eso es decisión tuya.

1. La primera razón que les impide a muchos terminar lo que han empezado se origina inclusive desde antes de dar el primer paso, cuando la meta o el proyecto son solo una idea.

   En el mismo instante en que la persona piensa en el objetivo que quiere lograr, parece venir a su mente toda serie de dudas sobre si logrará alcanzarlo, imágenes que la muestran fracasando en su intento, inseguridades sobre si cuenta con el talento y las habilidades necesarias.

   Es posible que tú mismo, en algún momento, hayas experimentado esta lucha interna entre dos fuerzas opuestas: por un lado, piensas en todo lo que el logro de tu meta traerá, en la felicidad que te proporcionará el ver ese proyecto terminado, en las recompensas que vendrán como resultado de alcanzar tu meta. Al mismo tiempo, tu mente parece más preocupada con todo lo que podría salir mal y te asaltan todo tipo de miedos, dudas e inseguridades.

   De manera que, en ese periodo de gestación en el que la idea está tomando forma operan estas dos fuerzas opuestas; la que te dice "tú puedes" y la que te increpa "¿Estás loco?". Esta es la eterna lucha entre tu seguridad de alcanzar aquello que te propones, como decía Gabriela, y la posibilidad de que lo que te espera sea un fracaso rotundo.

   En un plato de la balanza se encuentra lo que quieres lograr y en el otro está todo lo que puede detenerte de lograrlo. De modo que debes decidir a qué le vas a prestar atención, ¿a tus sueños y metas o a tus dudas e inseguridades? ¿Qué vas a permitir que guíe tu vida, tus deseos o tus miedos?

Lo que he venido descubriendo es que los temores y las dudas afloran cuando quitas tu mirada de tus metas. Así que la solución parece obvia: no apartes tu mirada del objetivo que persigues. Eso es todo. Gabriela recuerda que, aún en los peores momentos de aquellos últimos kilómetros, en su mente siempre estaba la imagen de ella cruzando la meta.

Ahora bien, si no tienes claras tus metas, estás en problemas, porque ¿cómo vas a lograr una meta que no tienes? Imposible.

En otras palabras, el primer gran obstáculo que debes solucionar es tener claridad sobre lo que deseas alcanzar. La falta de claridad en las metas y el hecho de estar obsesionado con lo que pueda salir mal es la primera razón por la que muchas personas pierden su entusiasmo, se desaniman y renuncian.

2. La segunda razón que les impide a muchos terminar lo que empiezan es la ausencia de un plan. Así haya superado el temor inicial de salir tras sus metas, la gente suele olvidar que es crucial desarrollar un plan de acción sobre cómo lograrlas.

Algunos creen que con la intención es suficiente, pero no es así. De hecho, una meta sin un plan de acción no es una buena meta. El plan es vital. De otra manera, caes en la trampa de confundir actividad con resultados; de creer que estar ocupado es sinónimo de estar siendo productivo. El plan define las estrategias que debes implementar y detalla la manera y los tiempos en que proyectas lograr los objetivos propuestos.

Tu plan es tu mapa, la hoja de ruta que establece el camino a seguir. Define y asigna tareas y responsabilidades. Te indica con qué recursos cuentas, qué nuevos recursos necesitas, qué destrezas necesitas desarrollar, cuándo empezar y cómo medir tu avance.

Así que tu tarea es traducir cada meta, cada decisión en acciones concretas que lleves a cabo ya mismo. Entiende que la gran mayoría de las personas que tira la toalla y renuncia a mitad de camino comienza sin un plan, sin pensar en mucho o, a veces, sin pensar en nada, creyendo que el gran mérito es empezar. De ese modo, es muy fácil perder el norte, desmotivarse y rendirse.

3. La siguiente razón por la cual muchos jamás terminan aquello que empiezan es porque no saben cómo responder a los fracasos, retos y obstáculos que enfrentan a lo largo del camino.

Las personas se entusiasman siempre y cuando el camino esté despejado y todo marche a las mil maravillas, pero si surge algún inconveniente, se frustran, se desaniman y optan por el camino más fácil: abandonar la carrera.

En ocasiones, las caídas ocurren como resultado de situaciones imprevistas que son parte de la vida. Son disrupciones naturales que muchas veces están fuera de tu control y son tan parte de la vida como tus logros. A veces, hace sol; otras veces, llueve. Ningún equipo gana todos los partidos y en tu camino al éxito cosecharás victorias, pero también enfrentarás derrotas.

Es posible que tu revés haya sido consecuencia de fallas en tu plan o un factor que ignoraste. A lo mejor, tomaste una decisión demasiado apresurada o no le prestaste suficiente atención a áreas en las que necesitabas prepararte mejor. Sin embargo, la falta de buenos resultados tampoco significa que debas renunciar. Lo único que quiere decir es que necesitas evaluar lo sucedido, aprender de ello y luego levantarte y continuar el camino.

Una característica que diferencia a la persona exitosa de la persona común y corriente es cómo cada una de ellas responde ante el fracaso. Muchas personas se desaniman de inmediato o comienzan un diálogo interno que lo único que logra es empeorarlo todo: "¿Por qué será que siempre me sucede lo mismo? Cuando todo va bien, el destino sabotea mi éxito".

¿Cómo evitar que esta tercera razón sabotee tu éxito? Examina cómo respondes ante las caídas y los fracasos. ¿Qué haces cuando enfrentas un desafío que pone a prueba tu confianza? ¿Cuál es tu primera respuesta ante una dificultad? Una vez tengas claridad sobre estas cuestiones, haz los ajustes necesarios para afrontarlos en el futuro con mayor preparación.

Aprende a ver las caídas y las situaciones difíciles como oportunidades para aprender y crecer. Entiende que lo importante no son las crisis ni los obstáculos, sino cómo respondas a ellos. Y más importante aún, jamás olvides que lo que en realidad importa no son las veces que te caigas, sino las que decidas levantarte.

4. La cuarta razón por la que muchos nunca terminan lo que empiezan es que sus decisiones, acciones y nivel de compromiso parecen siempre depender de circunstancias que están fuera de su control: esperan que las condiciones siempre serán ideales, confían en contar con el apoyo total de otros, buscan estar en el lugar correcto en el momento exacto y le dan demasiada importancia a la opinión de los demás. Si te das cuenta, por más que quieras, tienes poco o ningún control sobre estos aspectos que acabo de mencionar.

No obstante, si te empeñas en que todo esto se dé a tu favor como requisito para lograr tu meta, te habrás colocado en una posición vulnerable y desventajosa. El hecho de terminar lo que has empezado no debe depender de que las condiciones sean ideales, ya que estas rara vez se dan.

Debes aceptar que, con la gran mayoría de metas u objetivos que persigas, empezarás en circunstancias que están lejos de ser las mejores. El agricultor que sabe que hoy es el día de empezar la cosecha, comienza así el día esté frio, nublado o demasiado caluroso. Él sabe que, si permite que el clima dictamine si él empieza o no su labor, se arriesga a perder todo el fruto de su arduo trabajo.

Además, así las circunstancias hayan sido ideales al comienzo, estas son susceptibles de cambiar en cualquier momento. ¿Qué harás si esto ocurre, abandonas tu meta? Recuerda que, así las condiciones o las metas cambien, tu compromiso debe mantenerse firme.

No permitas que ninguna circunstancia o condición externa sea la que decida si terminarás aquello que empezaste. Los factores adversos que enfrentes solo te detendrán si tú les das el poder para hacerlo. Lo único que debe influir en tu decisión es tu disposición a superar cualquier obstáculo que se te presente hasta ver tu sueño hecho realidad.

Gabriela Andersen-Schiess tenía clara cuál era y dónde estaba la meta que quería alcanzar al empezar la competencia. Ella planeó y se preparó para la carrera y, cuando vio las condiciones de calor y humedad reinantes, modificó su plan para evitar el agotamiento. Aun así, cuando todo pareció estar perdido, se mantuvo firme, sacando fuerzas de donde no las tenía y conectándose de nuevo con su propósito, todo con tal de terminar la carrera.

Y tú ¿tienes esto claro? No olvides que, al final, bailar hasta que llueva no debe depender de manera alguna de tu estado de ánimo ni de si estás cansado ni de si las condiciones están lejos de ser las ideales, sino de tu decisión de continuar hasta ver realizados los sueños que te propusiste alcanzar.

Epílogo

Hasta aquí, ya te ha quedado claro que la danza de la lluvia es una metáfora acerca de mucho más que el poder de la persistencia. Porque, si buscas en el *Diccionario de la Lengua Española* la definición de la palabra persistir, encontrarás en su origen etimológico —el latín *persistĕre*— que su significado es "mantenerse firme o constante en un propósito". Eso es todo.

Sin embargo, estarás de acuerdo con que esta definición en absoluto logra captar toda la riqueza de lo que significa no parar de bailar hasta que llueva ni es lo suficientemente amplia y profunda como para abarcar todos los matices y significados de lo que has descubierto a lo largo de estas páginas.

Si examinas algunos de los sinónimos de la palabra persistencia, tendrás un poco más de claridad. Palabras como determinación, perseverancia, tenacidad, constancia, firmeza, obstinación, empeño y aguante, te permiten apreciar la persistencia como un rasgo de la personalidad que describe a aquella persona que se mantiene firme y constante en el logro de un objetivo a pesar de las dificultades, los obstáculos o la falta de éxito inmediato. Dicho de otro modo, ser perseverante implica una actitud de resiliencia ante las adversidades; es el esfuerzo continuo de quien no se rinde con facilidad ante la frustración o el cansancio.

No obstante, inclusive leyendo el párrafo anterior y reconociendo en él palabras que utilicé una y otra vez en distintos capítulos del libro, veo que estas expresiones tampoco dejan del todo claro el hecho de que la persistencia no se refiere solo a la duración de un esfuerzo, sino también a la actitud mental que lo acompaña, a la determinación, la tenacidad y hasta la obstinación de continuar insistiendo aun cuando es evidente que las posibilidades de éxito son mínimas.

Por eso, prefiero expresiones como "no tirar la toalla", "no darse por vencido", "no renunciar" o "no abandonar la lucha", algunas de las cuales usé con frecuencia y que, a mi parecer, los Powhatan apreciarían más. Ahora bien, es innegable que nada expresa tan bien la esencia de lo que representa *no parar de bailar hasta que llueva* como lo hace una historia de vida.

Por esa misma razón, mencioné en detalle los logros de triunfadores como José Hernández, con sus 11 años de continuos rechazos, antes de convertirse en astronauta de la NASA; del coronel Sanders y sus más de mil rechazos antes de hacer famosa su receta de KFC; a J.K. Rowling y su historia de reiteradas negativas antes de que Harry Potter fuera publicado; también mencioné a Gabriela Andersen, Steve Jobs, Malala, Oprah Winfrey, junto con todas las demás historias de vida que encontraste a lo largo de esta lectura. Es evidente que todos estos hombres y estas mujeres se negaron a abandonar sus sueños y sus propósitos a pesar de los múltiples fracasos, las burlas, los rechazos y las críticas que debieron enfrentar.

Así que, qué mejor manera de terminar *No pares de bailar hasta que llueva* que con la historia de un personaje que duró casi toda su vida persiguiendo un sueño, buscando hacer realidad un enorme propósito que lo motivó desde su niñez.

Para mí, su historia de vida ha sido una continua fuente de inspiración. De hecho, cuando empecé a escribir este libro, la suya fue la primera historia en la que pensé. Su actitud, determinación y resiliencia son, sin lugar a duda, el mejor ejemplo de lo que significa no para de bailar hasta que llueva.

Más leyendas épicas se han escrito de este presidente de los Estados Unidos que acerca de cualquier otro personaje del mundo moderno. Casi 20.000 libros y biografías han sido publicadas sobre este gran hombre.

Abraham Lincoln nació en el seno de una familia muy humilde. Sus padres eran casi analfabetas. Perdió a su madre a lo nueve años y luego a su hermana, hecho que lo dejó invadido de una profunda tristeza y sensibilidad que lo acompañaría durante toda su vida. Pese a no haber ido a la escuela, sino por un corto tiempo, el joven Lincoln aprendió gramática y matemáticas por cuenta propia.

Desde muy temprana edad, Lincoln sintió una gran atracción por la política. De hecho, sus ideas y convicciones en este campo comenzaron a definirse con claridad desde su adolescencia. Se oponía con vehemencia a la esclavitud y creía con toda fibra de su ser en la idea expresada en la Constitución de que todas las personas tienen el derecho a la vida, la libertad y la búsqueda de la felicidad.

En 1832, con apenas 23 años, Lincoln se postuló para las elecciones legislativas de su Estado. Hizo campaña de casa en casa y de granja en granja, visitando pueblos y ciudades, pero después de todo ese esfuerzo, y entre 13 candidatos, él terminó en el octavo puesto.

Sin embargo, esta derrota de ningún modo lo doblegó. Mientras evaluaba su futuro en la política, decidió mantenerse involucrado en la comunidad, para lo cual empezó un negocio en sociedad con otro comerciante. La sociedad nunca prosperó, su socio murió poco después y Lincoln terminó heredando una deuda que le tomó 17 años pagar.

Curiosamente, en este negocio fallido, Lincoln encontró el principio de una nueva carrera y decidió tomar en serio el estudio de las leyes, el cual comenzó de manera autodidacta, mientras trabajaba en la oficina de correos. Aun así, sus ambiciones políticas seguían intactas.

En 1834, su nombre apareció otra vez como candidato para la legislatura estatal. En las elecciones, Lincoln quedó en segundo lugar entre 13 candidatos del condado y, aunque no ganó, tuvo la oportunidad de trabajar en la legislatura.

Pese a que esta no fue la época más próspera para su Estado, para Lincoln fue un invaluable cofre de experiencias. Descubrió cuáles eran sus puntos fuertes en la política y aprendió cómo utilizar y perfeccionar las habilidades y estrategias para triunfar en ella. Poco a poco, sintió que su persistencia comenzaba a dar frutos.

En junio de 1835, Abraham Lincoln se comprometió con Ann Rutledge, pero antes de que se casaran, Ann se enfermó y murió. El golpe fue demasiado duro para él, a tal punto que cayó víctima de una profunda depresión que lo llevó al borde de un colapso nervioso.

Aun así, Lincoln no desfalleció y, en 1836, buscando darle un nuevo comienzo a su vida, se presentó ante dos jueces de la Corte Suprema del Estado de Illinois, tomó y pasó los exámenes requeridos para certificarse como abogado. Con el tiempo, este jurista autodidacta llegó a ser reconocido como uno de los hombres de leyes más capaces y honestos del Estado.

En cuanto a su carrera política, durante los siguientes 20 años, esta estuvo plagada de más reveses que triunfos. En 1838, regresó con fuerza a la política, solo para ser derrotado otra vez más en las elecciones para representante en la legislatura estatal.

En 1843, se postuló de nuevo en las elecciones para el congreso, donde enfrentó a otros dos sobresalientes políticos de su partido. Pronto, se hizo evidente la oposición a su candidatura y Lincoln fue derrotado en las urnas. Es decir, una vez más, vio frustradas sus intenciones de representar a su Estado en el congreso. Más tarde, durante ese mismo año, su nombre fue postulado para gobernador, pero el movimiento detrás de este esfuerzo nunca prosperó.

En 1844, sufrió otro revés político, pero sus aspiraciones al congreso eran tan intensas como antes y su persistencia parecía no conocer la derrota. Dos años más tarde, Lincoln fue elegido por fin como congresista por el Estado de Illinois, pero su constante oposición al presidente hizo que su paso por el congreso fuera de poca trascendencia y le restara popularidad entre sus votantes.

Lejos de darse por vencido, Lincoln continuó luchando por sus ideales con determinación. Sin embargo, en 1848, cuando buscaba una segunda nominación al congreso, Lincoln enfrentó el más bajo nivel de popularidad de toda su carrera política y perdió por segunda vez la nominación para el congreso.

A pesar de su gran persistencia, era evidente el estrago de tantas derrotas que había tenido que enfrentar en sus 17 años de vida política. Así, habiendo cumplido 40 años y sintiéndose políticamente frustrado, daba la impresión de que el fin de su carrera estaba cerca.

Al año siguiente, sin dinero, Lincoln decidió retirarse por un tiempo del campo político. Trató de conseguir un trabajo como comisionado en Washington, pero esto tampoco lo logró. No fue una muy buena época para Lincoln y, para empeorar las cosas, su segundo hijo murió en febrero de 1850, después de una enfermedad que se prolongó durante casi dos meses.

En 1854, Lincoln decidió ingresar una vez más a la arena política, ayudándole a uno de sus copartidarios en su campaña de reelección y, hacia finales de ese año, decidió lanzarse otra vez para el senado, pero sufriría una derrota más en una carrera política, ya llena de muchos sinsabores.

Frustrado otra vez, pero no derrotado ante esta nueva caída, continuó su práctica legal. Su interés político pareció avivarse más que nunca. Tal era la terquedad de este hombre que se rehusaba a darse por vencido.

Durante la Convención Nacional del Partido Republicano, llevada a cabo en junio de 1856, en Filadelfia, el nombre de Abraham Lincoln fue postulado de nuevo, esta vez, como candidato a la vicepresidencia, aunque fue descartado después de recibir tan solo 110 votos. Un golpe más para aquel hombre que deseaba reclamar una posición en la vida política del país al cual amaba.

En 1858 Lincoln se enfrentó en una nueva contienda electoral al senador Stephen Douglas, quien buscaba su reelección. Después de una ardua campaña política, y tras una serie de debates entre estos dos hombres que se encontraban en polos opuestos en lo concerniente a la abolición de la esclavitud, Douglas fue elegido al senado y Lincoln perdió una elección más.

No obstante, Lincoln no sintió que todo se hubiera perdido, puesto que los debates le habían dado proyección a nivel nacional y le permitieron dar a conocer al país entero los fundamentos de su pensamiento político.

Poco a poco, Lincoln se había convertido en una figura de gran relieve público y, haciendo uso de esta notoriedad, continuó insistiendo para que el congreso no permitiera de ninguna manera la expansión de la esclavitud. Para Lincoln, el riesgo de vivir en un país "mitad libre y mitad esclavo" significaba la necesidad de tener que elegir en algún momento una u otra postura social y política.

En 1860, después de tres votaciones internas durante la convención de Chicago, Lincoln logró obtener la candidatura para representar a su partido en las elecciones para la presidencia. Se presentaron cuatro candidatos y Lincoln resultó vencedor.

Al final, la constancia y la terquedad de este hombre que luchó durante 28 años por un sueño que parecía evadirlo, se vieron recompensadas.

No obstante, su persistencia y compromiso con su sueño enfrentarían una prueba aún mucho mayor que cualquiera que él hubiera podido imaginar, ya que el mismo día que comenzó su mandato, ocho Estados anunciaron su separación de la unión.

¡La guerra era inminente! Abraham Lincoln tuvo que liderar a su país durante los años de la más cruenta guerra civil que la nación había conocido hasta la fecha. Aquella fue una contienda que enfrentó en muchas ocasiones a hermanos contra hermanos, por encontrarse en bandos opuestos.

A pesar de todo, el trabajo y óptimo nivel de compromiso de este gran patriota salvaguardaron la unión del país y su proclamación emancipadora fue el principio de la abolición de la esclavitud en los Estados Unidos.

La profundidad de su filosofía, la cual lo guio en la revitalización de la economía y las mejoras sociales que él realizó durante su mandato, fueron, en parte, el resultado de contar con un propósito de vida claramente definido, junto con un nivel de persistencia inigualable.

Cuando hablo de seguir bailando hasta que llueva, muchos de quienes afirman que estarían dispuestos a hacerlo se imaginan una lucha de meses o a lo sumo de algunos años, pero no de los más de 10 años que le tomó a Oprah Winfrey comenzar a lograr sus sueños ni de los siete que necesitó J.K. Rowling para convertir a Harry Potter en un fenómeno mundial ni mucho menos de los 17 años que le tomó a Steve Jobs recorrer su camino desde que fundó Apple hasta el comienzo de su éxito global en 2001, con el lanzamiento del iPod.

Pero cuando lees la historia de Abraham Lincoln, quien, a pesar de casi 30 años de enfrentar toda serie de tragedias y fracasos políticos, personales, familiares y financieros, se mantuvo firme a su propósito, descubres lo que la tribu de nuestra historia siempre supo: que el verdadero secreto del éxito es seguir bailando hasta que llueva, sin quejarse o preguntarse a todo momento cuándo vendrá la tan anhelada lluvia.

De todos modos, tan poderosas como han sido todas las historias que has leído en *No pares de bailar hasta que llueva*, ninguna significará tanto en tu vida como la que tú escribas con tu decisión de persistir y no darte por vencido hasta lograr lo que buscas. Por eso, debes mantener siempre presente que no puedes parar de bailar hasta que llegue lo que sea que quieres que llueva en tu vida.

Cada vez que te sientas frustrado porque no estás viendo resultados o no estás avanzando tan rápido como quisieras, y consideres la idea de darte por vencido, debes entender y tener bien claro lo que en realidad está en juego: lograr tus sueños, alcanzar tus metas y saber que estás viviendo tu propósito de vida. A eso es a lo que renuncias cuando tiras la toalla.

Entonces, la pregunta que debes hacerte no es si es hora de renunciar o si deberías continuar intentándolo un tiempo más. La única pregunta relevante es: ¿Ya llovió aquello que tanto deseas? Si la respuesta es no, ni se te ocurra parar de bailar. ¡Tienes que seguir bailando! ¿Cuánto tiempo? Hasta que llueva, 10 años, 30 años, toda tu vida…

Te deseo lo mejor en este espectacular baile de la vida y, como siempre, nos vemos en la cumbre del éxito.

www.ingramcontent.com/pod-product-compliance
Lightning Source LLC
Chambersburg PA
CBHW030520080526
44586CB00011B/268